变革

沙漠徒步与企业生存管理法则

大鹏 著

化学工业出版社
·北京·

本书将沙漠徒步与企业管理有机结合在一起，不仅详细讲解了沙漠行走和求生的各类实用技巧，还将企业管理的精华知识巧妙地融入沙漠徒步场景中，帮助读者形象地理解复杂的管理学知识。在注重讲述理论知识的同时，书中还引入了大量贴近企业实战的阅读材料和案例，进一步加深读者对企业管理相关知识的理解和掌握。

本书可供广大创业者学习管理知识，也可供企业高管参考和借鉴。此外，还可作为沙漠徒步运动爱好者的生存指南。

图书在版编目（CIP）数据

变革：沙漠徒步与企业生存管理法则/大鹏著.—北京：化学工业出版社，2019.6（2019.10重印）

ISBN 978-7-122-34289-8

Ⅰ.①变… Ⅱ.①大… Ⅲ.①企业管理-研究 Ⅳ.①F272

中国版本图书馆CIP数据核字（2019）第067489号

责任编辑：徐　娟　　　　　装帧设计：汪　华
责任校对：王素芹　　　　　封面设计：尹琳琳

出版发行：化学工业出版社（北京市东城区青年湖南街13号　邮政编码100011）
印　　装：北京新华印刷有限公司
880mm×1230mm　1/32　印张8　字数200千字　2019年10月北京第1版第2次印刷

购书咨询：010-64518888　　　　　　　售后服务：010-64518899
网　　址：http://www.cip.com.cn
凡购买本书，如有缺损质量问题，本社销售中心负责调换。

定　　价：68.00元　　　　　　　　　　　　　　　　　版权所有　违者必究

前言

公元627年，大唐高僧玄奘从长安出发，向天竺求取佛法。他踏上荒芜的戈壁滩，经历了追杀、背弃、迷路和生死一线，却依然发出"宁可就西而死，岂能归东而生"的豪言壮语。千余年后，中国许多知名企业家也前赴后继地踏进了茫茫沙漠。

2003年，原首创集团董事长刘晓光先生第一次闯入腾格里沙漠，脚踩万里黄沙，被眼前景象撼动，灵魂震荡，不由得屈膝跪下，流泪忏悔着，将一抔黄沙捧到眼前，仰天长叹。以至于后来有了刘晓光、任志强、冯仑、韩家寰、王石、钱晓华、宋军、张树新、杨平、杨鹏、张朝阳、张醒生等众多企业家、学者、媒体人一起发起的阿拉善SEE生态协会。联想董事长柳传志、阿里云总裁胡晓明、著名主持人乐嘉，他们不仅是企业家和成功人士，也是沙漠徒步的热爱者。乐嘉甚至带着自己年仅4岁的女儿，用4天时间从甘肃张掖高台县出发，徒步穿越沙漠。

这些在中国商界可以说是鼎鼎有名的人物为什么在沙漠中会产生如此感慨，那是因为这里是一个神奇的地方。这里苍茫而贫瘠，浩瀚而又神秘，对于现代长居都市的我们而言，这个完全陌生的生态环境会彻底改变我们对大自然的看法，甚至可以说，在这里补齐了我们心中的一块短板。

对于企业家来说，沙漠是让人真实地面对本能，感悟直觉，体会执着和灵魂蜕变的地方。更是一项与商海征战极为相似的运动。企业家需要有特立独行、标新立异的特质；在挑战面前，他们不会选择安分守己，这是成就驱动的天然基因。沙漠徒步亦是如此。在艰苦恶劣的环境下，人能够看清自己的内心，找到真正的自己，战胜眼前风沙，这不是自讨苦吃，而是挑战自我。

每个企业家最初都是创业者，所以不仅是企业家，很多创业者也钟情于沙漠徒步。徒步时，团队齐心协力，大家不仅是队友，更是患难与共的朋友；起点时，大家萍水相逢；终点时，彼此情比金坚。而创业，更是团队努力的结果。所以，沙漠徒步是一个创业者，在抛开团队日常工作后，直面团队一起挑战困境的绝好机会。徒步不仅会让创业者在未来的团队领导中，找到更好的突破口，还会让那些褪去创业激情的团队找回曾经一起迎难而上的感觉。

本书通过讲解沙漠生存的各种技巧与手段，将企业在各个时期可能遇到的问题与之相对应，这样读者可以更加清晰地理解到企业的生存环境实际上就如同在沙漠中生存一般，不仅需要坚强的意志力与决心，同时需要一些管理手段和心理调整才能带领企业走出困境，抵达目的地。书中结合本人多年的企业管理经验以及沙漠生存经验，为读者总结了多个具有实际操作性的建议，让处于困境或者迷茫中的你找到自己的方向以及应该走的路。

由于时间紧张加上本人水平有限，书中不妥之处在所难免，恳请各位专家、读者批评指正。

大鹏
2019.3

目录

1 求生——沙漠徒步，迭代企业新机遇 / 001

1.1 沙场练兵：沙漠徒步的商业格局 / 002

沙漠生存铁律：集聚效应 / 006

1.2 集结号：沙漠徒步适合哪些企业？ / 008

1.3 了解你的敌人：沙漠生存概述 / 012

 1.3.1 什么是沙漠？ / 012

 1.3.2 沙漠的分类 / 015

 1.3.3 沙漠环境特点 / 017

 1.3.4 世界著名沙漠 / 019

 1.3.5 沙漠生存难点 / 021

沙漠生存铁律：史密斯原则 / 023

1.4 整体进化：打造最默契团队 / 026

沙漠生存铁律：懒蚂蚁效应 / 029

沙漠心语：成功总是眷顾有头脑的人 / 031

2 出发——创新型组织 / 037

沙漠生存铁律：路径依赖 / 038

2.1 方向：辨别方向如同制定目标 / 040

 2.1.1 实现目标的原则 / 041

2.1.2 目标具体实施办法 / 042

沙漠生存铁律：二八定律 / 049

2.2 寻找合适的领头人 / 051

2.2.1 赋能 / 051

2.2.2 激励团队 / 053

2.2.3 执行力 / 054

沙漠生存铁律：鲶鱼效应 / 055

2.3 资源重组与资源配置：沙漠行走的前期准备 / 058

2.3.1 衣物类准备 / 058

2.3.2 户外装备类 / 060

2.3.3 急救保健类 / 061

2.3.4 可选装备类 / 062

2.3.5 科学装包技巧 / 063

沙漠心语：迈出第一步，你就成功了一大半 / 066

3 行进——不积跬步无以至千里 / 070

沙漠生存铁律：德鲁克定律 / 071

3.1 实现目标：沙漠跋涉 / 073

3.1.1 没有捷径：科学行走最省力 / 073

3.1.2 目标途径 / 076

沙漠生存铁律：柏林定律 / 079

3.2 掌握趋势：最短的行进距离 / 081

沙漠生存铁律：彼得定律 / 086

3.3 意志力训练：坚持坚持再坚持 / 088

3.4 木桶理论：关注队伍里的最后一名 / 091

沙漠生存铁律：华盛顿合作定律 / 094

3.5 补短板：如何获取生存物资 / 096

3.5.1 获取淡水 / 096

3.5.2 获取食物 / 105

3.5.3 补充盐分 / 108

沙漠生存铁律：破窗效应 / 111

沙漠心语：没有比鞋更远的路，没有比意志更高的山 / 113

4 抵达——既是结束亦是开始 / 117

沙漠生存铁律：帕金森定律 / 118

4.1 搭设露营帐篷 / 120

4.2 寻找天然避身场所 / 126

沙漠生存铁律：马太效应 / 129

4.3 制作工具 / 131

4.3.1 应急工具 / 131

4.3.2 武器 / 136

4.3.3 烹调器具 / 141

4.4 烹调食物 / 143

4.4.1 可食用植物的烹调 / 143

4.4.2 肉类的烹调 / 144

4.5 储存食物 / 149

4.6 LNT 法则：垃圾处理 / 155

沙漠生存铁律：不值得定律 / 161

沙漠心语：人生的征途就是一次又一次出发 / 164

5 危机管理——如何强化应变执行力 / 169

沙漠生存铁律：羊群效应 / 170

5.1 辨别方向 / 172

5.2　沙漠取火 / 177

沙漠生存铁律：青蛙效应 / 181

5.3　应对突发状况：敬畏自然 / 184

  5.3.1　沙尘暴 / 184

  5.3.2　流沙 / 186

  5.3.3　海市蜃楼 / 188

5.4　生死之地：沙漠伤病防治 / 190

  5.4.1　急救基础知识 / 190

  5.4.2　常见沙漠伤病防治 / 200

  5.4.3　个人卫生 / 212

沙漠生存铁律：墨菲定律 / 215

沙漠心语：不打无准备之仗 / 217

6　盘点——三省吾身谓予无愆 / 222

沙漠生存铁律：跳蚤效应 / 223

6.1　抵达终点前的疲倦 / 225

6.2　终点的自我放飞 / 230

6.3　终点不是终结 / 233

沙漠生存铁律：蓝斯登定律 / 236

6.4　行走成为社交化 / 238

沙漠生存铁律：峰终定律 / 241

沙漠心语：沙漠归来是兄弟 / 243

参考文献 / 248

1

求生——沙漠徒步，迭代企业新机遇

徒步沙漠是艰难的，创业更是一项艰难的决定，而这种艰难恰恰成为二者紧密结合的纽带。试想如果你连沙漠这条路都走了，还有什么路能难住你？

1.1 沙场练兵：沙漠徒步的商业格局

• 玄奘画像

唐太宗贞观元年（公元627年），玄奘从长安出发，开始他的西行取经之路。玄奘途径秦州（今甘肃省天水市）、兰州、瓜州，偷渡玉门关，艰难地通过了800里的沙漠。尔后，玄奘取道伊吾（今新疆维吾尔自治区哈密市），沿天山南麓继续西行，翻越凌山，沿大清池西行到达素叶城（今吉尔吉斯斯坦托克马克市）。

玄奘取经途中最为凶险的路段莫过于甘肃界内那一段全长400千米的戈壁了。1300多年前，他孤身一人，历经九死一生的重重挑战，最终成就了千古伟绩，受万世景仰。如今，企业团建也掀起了大漠潮。阿里巴巴集团、腾讯计算机系统有限公司、一汽大众汽车有限公司、微软（中国）有限公司、可口可乐中国有限公司、中

1 求生——沙漠徒步，迭代企业新机遇

信银行股份有限公司、巨人网络科技有限公司、中国南方航空股份有限公司、吴晓波频道、罗辑思维、长江商学院等知名企业都先后深入大漠。

阿里巴巴集团是国内最早践行玄奘取经路的企业之一。这家已成立近 20 年的公司，一路见证中国互联网发展之路，并以一己之力，改变了中国线上电子商务的形态。从 2009 年开始，阿里巴巴集团就组织相关高管重走玄奘之路。从 2012 年开始，阿里巴巴集团旗下阿里金融事业群的员工都要走一遍玄奘之路。

而大漠商学院是一个针对企业家及精英阶层彼此赋能的创新型社群，由旅行故事创始人、知名旅行家大鹏发起，并联合国内多个商学院、企业家俱乐部、总裁班等共同推进的学习型组织和社交平台。像吴敬琏、俞敏洪等国内知名人士都参与过沙漠徒步旅行。

大漠商学院由腾

● 大漠商学院课程体系

格里沙漠徒步、四姑娘山登山、冈仁波齐转山、企业家生存训练营四大课程体系组成，可以为解决企业短板，以达成耐挫折能力、领导力、价值重塑、公益意识的企业家精神。

有人说，每位企业家一定要徒步一次沙漠，感受漫漫黄沙带给自己的孤独感。因为徒步沙漠和创业有着异曲同工之妙，徒步沙漠是艰难的，创业更是一项艰难的决定，而这种艰难恰恰成为二者紧密结合的纽带。正因为如此，大批的企业家以及企业高管才会义无反顾地赶赴沙漠，磨炼身心，助力未来。

企业家需要有特立独行、标新立异的特质。在挑战面前，他们不会选择安分守己，这是成就驱动的天然基因。沙漠徒步亦是如此，在艰苦恶劣的环境下，人能够看清自己的内心，找到真正的自己，战胜眼前的重重困难，这不是自讨苦吃，而是挑战自我。

沙漠徒步是接近企业家精神的运动方式之一，很多企业家热衷于沙漠徒步，不仅是为了强身健体，更是通过沙漠徒步找到与做企业相同的人生体验——冒险开拓、超越自我、挑战极限、团队协作、无限沟通。荒无人烟的极端环境，最能激发深埋在企业家心中的野性和不甘，每个人都只能往前走，因为没有任何退路，只有打破绝望才能获得新生。

沙漠徒步，不是一个人的活动；企业的发展，更是团队努力的结果。企业发展的第一步，需要的是一个坚固的团队，但好团队可遇不可求；面对短板，企业家必须迎难而上。在漫长的旅途

1 求生——沙漠徒步,迭代企业新机遇

• 沙漠徒步队伍

中,总会有人倒下;最后得到胜利所仰仗的,往往不是一往无前,而是情比金坚。

当一次漫长的沙漠徒步结束后,参与者最终会收获什么?是疲惫不堪的躯体,还是毕生难忘的回忆?事实上,当徒步结束后,企业家收获的远比上述还要多。参与者真正收获的是坚韧的内心、平和的心境、全新的态度、完整的人生。对于企业家而言,成功需要的远远不止大量的资金,更需要的是优秀的精神属性。

沙漠生存铁律：集聚效应

沙漠场景

要在环境恶劣的沙漠中生存，单打独斗并不是最好的选择，因为你很难独自对抗沙漠中的种种危险。虽然在资源有限的情况下，多一个人就会多一分竞争，每个人能分到的生存物资会更少，但是只有大家倾力合作，充分发挥每个人的长处，才能共渡难关。

商业案例

麦当劳和肯德基是世界餐饮行业中的两大巨头，在快餐业中分别占据第一和第二的位置。其中，麦当劳在全球拥有3万多家门店，肯德基在全球拥有1万多家门店。原本是相互针锋相对的对手，但是在经营上有异曲同工之处。例如，经常光顾麦当劳或肯德基的人们不难发现这样一种现象，麦当劳与肯德基这两家店一般在同一条街上选址，或在相隔不到100米的对面，或同街相邻门面。若按常理，这样的竞争造成更剧烈的市场争夺，以至于各个商家利润下降，但为什么两家偏偏还要凑在一起？

事实上，平常人往往想象不到的是，不仅消费者愿意扎堆凑热闹，商家也愿意扎堆。至于扎堆的原因，就在于有"集聚效应"。

1 求生——沙漠徒步，迭代企业新机遇

定律阐释

集聚效应是指各种产业和经济活动在空间上集中产生的经济效果以及吸引经济活动向一定地区靠近的向心力。集聚效应是一种常见的经济现象，如产业的集聚效应，最典型的例子当数美国硅谷，那里聚集了几十家全球IT巨头和数不清的中小型高科技公司；国内的例子也不少见，在浙江，诸如小家电、制鞋、制衣、制扣、打火机等行业都各自聚集在特定的地区，形成一种地区集中化的制造业布局。

从世界市场的竞争来看，那些具有国际竞争优势的产品，其产业内的企业往往是群居在一起而不是分居的。集聚为什么有助于产生竞争优势呢？

首先，产业集聚能提高生产效率。同一个产业的企业在地理上的集中，能够使得厂商更有效率地得到供应商的服务，能够物色招聘到符合自己要求的员工，能够及时得到本行业竞争所需要的信息，能够比较容易地获得配套的产品和服务。

其次，集聚影响创新。在产业集聚的地方工作，企业能更容易地发现产品或服务的缺口，受到启发建立新的企业，再加上产业集聚区域的进入障碍低于其他地区，所需要的设备、技术以及员工都能在区域内解决，因而开办新的企业要比其他地区容易得多。

最后，集聚加剧了企业间的竞争。竞争不仅仅表现在对市场

的争夺,还表现在其他方面。同居一地,同行业相互比较,有了业绩评价的标尺,也为企业带来了竞争的压力。绩效好的企业能够从中获得成功的荣誉,而绩效差的甚或平庸的企业会因此感受到压力。不断的比较会产生不断的激励。

1.2 集结号:沙漠徒步适合哪些企业?

  沙漠徒步是团队建设的一个特别好的方式。在远离都市的喧嚣之后,人与人之间可以形成比较深度的交流,而这个交流常常会达到情感的深处或者事业的深处,大家能够看到自己的灵魂,或者看到自己事业和能力的另一面。

  比如作为雀巢公司全球第二大市场,中国市场曾经被其寄予厚望。但从 2014 年开始,雀巢公司在中国的业绩便持续走低,乃至拖累公司的整体业绩。雀巢公司庞大的体量为其运营和旗下品牌整合带来了诸多挑战。对于整个雀巢公司而言,其多个业务板块面临强劲的外部阻击,既有来自世界五百强等大企业的挑战,也有来自中国本土中小企业的包围。产品群越大、品类越丰富,

1 求生——沙漠徒步，迭代企业新机遇

受阻击面积越大，面临的挑战也越多，所以雀巢公司在中国市场几乎是受到全方位的阻击。

时任雀巢公司首席执行官（CEO）的彼得·布拉贝克认为，为了在当今这个动荡的市场中赢得竞争，公司必须变革，但要进行渐进式变革。当公司处于危急关头时，进行巨大的、剧烈的变革是有好处的。但是，并不是世界上的每一家公司都一直处于危机之中，许多像雀巢公司这样的公司都做得很好——它们通过渐进式的变革避免了激进变革导致的动荡。

随着商业环境的快速变化，国内的经济转型和日益成熟的消费者为企业带来了挑战和机遇，企业要保持竞争力，转型的重要性正在不断上升。我们可以认为，转型是公司在战略、商业模式、组织、企业文化、人才和流程等方面做出的深刻变革。

虽然大多数中国企业的 CEO 对全球经济增长前景仍保持信心，但他们都认识到，他们面对的是一个快速变化和复杂的商业环境，转型是他们必须征服的挑战，同时也是不可多得的机遇，这也是他们能够脱颖而出的试金石和分水岭。

而 CEO 作为企业的最高决策者，是企业的最强大脑，他的作用如同航舰的掌舵者，指引着万艘军舰齐头并进。能够带领企业成功转型，并且保证变革持续性的 CEO 才可以让企业在激变的商业环境中长久立于不败之地。

对于企业家来说，最难的就是改变。如何改变，怎么改变都

是事关企业生死的难题。如何改变需要的是思维的转变，但是对于大多数企业家而言，思维及知识结构的固化，让转变变得比较困难。

对于改变，新东方教育科技集团董事长俞敏洪曾经有这样的论述，那就是要多行走和多思考。他认为人们要争取每年去一个自己从来没有去过的地方，眼见为实，就能够更好地了解这个世界是如何运营的。俞敏洪每年都会去几个自己从来没有去过的地方，尤其是去国外或者与城市环境不同的地方。

俞敏洪通过改变环境和行走，学会了用原来不知道的新鲜视角来看待问题。所以多行走毫无疑问是一个让自己的思维和眼界开阔，甚至让自己行为习惯改变的一个好方法。

在行走的途中，人自然而然就会多思考，会根据自己面临的境况提出问题，对自己坚持的思想意识不断提出疑问、反思，不断对自己提出挑战，这件事情毫无疑问是特别重要的。

任何吸纳新的思想、改变自己习惯的行为都会带给人一定的痛苦，所以人的惰性导致人们不喜欢新的思想，不愿改变自己的行为习惯。改变是痛苦的，而享受现状是快乐的。从这个意义上来说，如果能够形成多反思、多提问的习惯，对于思想的进步、思维的拓展，以及看问题角度的多样性，更加全面地分析和解决问题，都有着非常重大的作用。

而沙漠行走就是将人置身于一个陌生的环境中，让人重新认

1 求生——沙漠徒步，迭代企业新机遇

知自己所处的生存环境。同时，长时间的行走，让你在身体最疲倦的时候，思想得到全新的升华。此刻，你可能不是 CEO，也不是什么名人，只是一名普通的行者，在茫茫沙海中，你所面临的问题只有一个：如何生存下去。此刻，你会将很多影响你的种种不重要因素抛弃，只关注最为重要的那几个因素：方向、水源、体力等。

此刻你所思考的问题可能会更加直接明了，因为有些时候不是不能改变，而是因为不想改变，当环境让你改变的时候，人们自然而然地就会改变。所以沙漠徒步就是模拟了一个全新的生存环境，让人们在其中认识全新的自我。

• 人在茫茫沙海中显得很渺小

1.3 了解你的敌人：沙漠生存概述

1.3.1 什么是沙漠？

沙漠，也作砂漠，全称沙质荒漠。沙漠主要是指地面完全被沙所覆盖、植物稀少、干旱缺水、空气干燥的荒芜地区。需要注意的是，英语中的"Desert"通常被翻译成沙漠，但是它的实际意思是荒漠。例如，南极可以被称为"Desert"（荒漠）。沙质荒漠的英文是"Erg"，是地理学术语，不适合口语使用。

全世界的陆地面积为1.62亿平方千米，占地球总面积的30.3%，其中约1/3（4800万平方千米）是干旱、半干旱荒漠地区，而且每年以6万平方千米的速度扩大着。目前沙漠面积已占陆地总面积的20%，还有43%的土地正面临着沙漠化的威胁。

所谓沙漠化，即植被遭到破坏之后，地面失去覆盖，在干旱气候和大风作用下，绿色原野逐步变成类似沙漠景观的过程。土地沙漠化主要出现在干旱和半干旱地区，形成沙漠的关键因素是气候，但是在沙漠的边缘地带，原生植被可能是草地，由于人为原因沙化了，这些人为的因素主要包括不合理的

1 求生——沙漠徒步,迭代企业新机遇

● 一望无际的沙漠

农垦、过度放牧和不合理的樵采等。

　　沙漠地域大多是沙滩或沙丘,沙下岩石也经常出现。有些沙漠是盐滩,完全没有草木。尽管沙漠地区的生存环境恶劣,但也并不像一般人以为的那样荒凉无生命。著名作家何永鳖在《戈壁滩上的探矿队》一书中写道:"咱们应当改变一般人对沙漠的解释。沙漠不光是沙子微颗的集合体,而且是丰富资源的仓库。"正如他所说,沙漠中有长满植物的绿洲,也有多种多样的动物,有时还会有宝贵的矿床,近代也发现了很多石油储藏。由于沙漠少有居民,因此资源开发也比较容易。此外,沙漠还是考古学家的乐园,因为在那里可以找到很多文物和更早的化石。

当年已是10月深秋，头顶浓云无边，首创集团董事长刘晓光脚踩万里黄沙，被眼前沙漠的景象撼动，灵魂震荡，不由得屈膝跪下，流泪忏悔着，将一抔黄沙捧到眼前，仰天长叹。从此，也就有了阿拉善SEE生态协会这一中国最著名的公益组织，由国内近百名知名企业家出资成立。该协会是会员制的非政府组织（NGO），同时也是公益性质的环保机构。所以只有到过沙漠，才会发现，这里可以改变人的人生观与价值观。

• 沙漠中稀疏的植物

1.3.2 沙漠的分类

沙漠通常按照每年降水天数、总降水量、温度、湿度来分类。1953 年，美国地理学家佩弗里尔·梅格（Peveril Meigs）把地球上的干燥地区分为三类：特干地区可以有 12 个月不下雨，干燥地区一年有 250 毫米以下的降水，而半干地区有 250～500 毫米的降水。特干和干燥地区称为沙漠，半干地区命名为干草原。不过，符合干燥性标准的地区并非都是沙漠，如美国阿拉斯加州布鲁克斯岭的北山坡一年有 250 毫米以下雨水，但不算沙漠。

沙漠也可以由它的典型气候类型来分类。另外，还有现在已经不干燥的地区的古代沙漠和其他行星上的外星沙漠。

（1）信风沙漠

信风是从副热带高压散发出来向赤道低压区辐射的风，来自陆地的贸易风越吹越热。很干的贸易风吹散云层，使得更多太阳光晒热大地。撒哈拉沙漠是世界上最大的沙漠，其主要形成原因就是干热的信风（当地称为哈马丹风）的作用，白天气温可以达到 57 摄氏度。

（2）温带沙漠

温带沙漠，也称中纬度沙漠，主要分布在中纬度的内陆地区，即纬度 30 度～50 度之间。北美洲西南部的索诺兰沙漠和中国的腾格里沙漠都是中纬度沙漠。

（3）雨影沙漠

雨影沙漠是在高山边上的沙漠。因为山太高，造成雨影效应，在山的背风坡一侧形成沙漠，如以色列和巴勒斯坦的朱迪亚沙漠。

（4）沿海沙漠

沿海沙漠一般在北回归线和南回归线附近的大陆西岸，因凉流流经，降温降湿，冬天起很大的雾，遮住太阳。沿海沙漠形成的原因有陆地影响、海洋影响和天气系统影响。南美洲的沿海沙漠阿塔卡马沙漠，是世界上最干的沙漠，经常5～20年才会下一次超过1毫米的雨。

● 撒哈拉沙漠

（5）古代沙漠

地质考古学家发现地球的气候变化很多，在地质史上有些时段比现在干燥。12500年前，大约北纬30度~南纬30度之间10%的陆地沙漠广布。18000年前，这个区域的50%是沙漠，包括现在的热带雨林。很多地方已经发现沙漠沉积的化石，最古老的达到5亿年。美国的内布拉斯加沙丘是西半球最大的古代沙海，它现在已经有500毫米的年均降水量，沙粒已经被植物固定，但还是可以看到高达120米的沙丘。

（6）外星沙漠

火星是太阳系唯一发现有风力塑造地貌的非地球行星，上面有沙丘。如果只看干燥度，几乎所有现在发现的外星天体都被沙漠覆盖，毫无生命可言。

1.3.3　沙漠环境特点

沙漠环境同高原环境一样，是一种特殊的环境形态，其主要特点是地温高、温差大，多大风、多尘土，日照强、湿度低等。

（1）地温高、温差大

地温高、温差大是沙漠环境的一大特点。由于沙漠地区云量少、日照强、降水稀少、空气湿度小、缺乏植被覆盖，沙漠边缘地区的夏季最高气温经常超过40摄氏度，地表在强太阳辐射下低层空气增温加剧。如新疆维吾尔自治区吐鲁番的地表最高温度可达 76 摄氏度，沙漠边缘地区的地表温度大都为 70 摄氏度左右，沙漠腹地的地表温度可达 75 摄氏度。沙漠地区夜间天空无云，地面辐射强、散热快，气温日夜变化剧烈，其日温差远高于同纬度地区。

（2）多大风、多尘土

多大风、多尘土是沙漠环境的另一大特点。沙漠是多大风的地区，一年之中风速大于 12 米/秒的天数达 60～86 天，且集中于春夏季，其间大风天数约占全年大风天数的 70%～74%，最大风速可达 40 米/秒。沙漠地区以细沙为主，如塔中地区地表沙源的粒度特征，沙样的平均粒径集中在 63～250 微米范围内，属细沙、极细沙。由于沙粒细小、量大，当风速大于 5 米/秒时就能把细沙吹起，形成沙暴、扬沙和浮尘天气。

（3）日照强、湿度低

日照强、湿度低也是沙漠环境的一大特点。沙漠地区经常无云、日照强，太阳的年总辐射量为 6000～6200 兆焦/平方米，比同纬度地区高 10% 以上。沙漠多风、气温高、相对湿度小，因此蒸发力非常旺盛。如新疆维吾尔自治区的塔克拉玛干沙漠和吐哈地区是我国降水最少、最干旱的地区，全区年降水量普遍在 5 毫米以下，而年蒸发量达 3000 毫米以上，为年降

1 求生——沙漠徒步，迭代企业新机遇

• 沙漠地区日照强

水量的 100 倍；同时由于降水量稀少，全年相对湿度很低，区内相对湿度多在 40% ~ 55%，不少地方相对湿度在 30% 左右。

1.3.4 世界著名沙漠

中国著名沙漠的位置及面积如下。

中国著名沙漠的位置及面积

名称	位置	面积	备注
塔克拉玛干沙漠	新疆	33 万平方千米	中国最大的沙漠，也是世界第十大沙漠
古尔班通古特沙漠	新疆	4.88 万平方千米	中国第二大沙漠
巴丹吉林沙漠	内蒙古	4.43 万平方千米	中国第三大沙漠

019

续表

名称	位置	面积	备注
腾格里沙漠	内蒙古、甘肃	4.3万平方千米	腾格里在蒙古语中的意思是"天"
柴达木盆地沙漠	青海	3.49万平方千米	中国海拔最高的沙漠
库姆塔格沙漠	新疆、甘肃	2.29万平方千米	库姆塔格在维吾尔语中的意思是"沙山"
库布齐沙漠	内蒙古	1.86万平方千米	距离北京最近的沙漠
乌兰布和沙漠	内蒙古	1.15万平方千米	乌兰布和在蒙古语中的意思是"红色公牛"

国外著名沙漠的位置及面积如下。

国外著名沙漠的位置及面积

名称	位置	面积	备注
撒哈拉沙漠	非洲	940万平方千米	世界上最大的沙漠
阿拉伯沙漠	亚洲	233万平方千米	占据阿拉伯半岛的大部分区域的沙漠
利比亚沙漠	非洲	176万平方千米	位于利比亚东部和埃及西部，部分伸入苏丹西北部
澳大利亚沙漠	大洋洲	155万平方千米	位于澳大利亚西南部
戈壁沙漠	亚洲	130万平方千米	世界上最北面的沙漠
巴塔哥尼亚沙漠	南美洲	67万平方千米	占据了阿根廷约1/4的国土面积
鲁卜哈利沙漠	亚洲	65万平方千米	鲁卜哈利在阿拉伯语中的意思为"空旷的四分之一"
卡拉哈里沙漠	非洲	63万平方千米	位于非洲南部内陆干燥区
大沙沙漠	大洋洲	28万平方千米	位于澳大利亚西北部，大致呈东南走向

1.3.5　沙漠生存难点

沙漠神秘而又令人向往，人们总想要去征服它。然而，沙漠的生存环境非常恶劣，我们想要在沙漠生存下来并不是一件容易的事情，会面临许多意想不到的困难。最常见的困难如下。

- 干旱缺水，包括饮用水和其他生活用水。
- 动植物稀少，不易获取食物，也不易找到避身所。
- 缺少可以辨识方向的物体，容易迷路。
- 沙地松软，行走不便，行车也很费力。
- 日照时间长，紫外线强，容易晒伤，或出现热痉挛、热虚脱、中暑等热伤害事故。
- 无线电以及其他敏感设备容易发生故障。
- 沙子上的闪光会使眼睛疲劳，飞扬的细沙可能会刺痛人的眼睛，并引起发炎、红肿。
- 昼夜温差大，极易受凉患病。
- 可能遇到流沙，即使是富有经验的沙漠向导也很难辨认这种危险的陷阱。
- 植被稀少，容易遭遇沙尘暴等强风沙天气。
- 沙漠中有不少危险的动物，包括毒蛇、毒蝎、毒蜂、狼等。
- 沙漠中光秃秃的地面绵延不绝，会使人意志消沉。

沙漠环境之所以恶劣，就是因为这里可供生存的资源奇缺，环境变化快，想要在里面生存下来，需要有足够的勇气和智慧，同时还要有百折不挠的意志力。同样的，近期中国在国内外综合因素影响下，整个商业环境不容乐观。世界银行以扶持中小企业为主要目的，每年对全球190个国家和地区的融资环境、电力供应、税制等10个项目进行评价并公布排名。在最新公布的《2018年全球营商环境报告》中，前三位分别是新西兰、新加坡和丹麦，而中国大陆的总排名与2017年持平，仅排在第78位。各个项目的排名为：创办企业（第93位）、办理施工许可（第172位）、电力供应（第98位）、注册财产（第41位）、获得信贷（第68位）、保护少数股东（第119位）、纳税（第130位）、跨境交易（第97位）、合同执行（第5位）、破产处理（第56位）。相比之下，亚洲另外两个经济强国日本和韩国分别排在第4位和第34位。

在这样的商业环境下，我国民营企业家面临着巨大的心理压力，少数抗风险能力不足的企业家甚至走上了自杀的道路，令人唏嘘不已。在前全国工商联副主席保育钧看来，民营企业家目前所处的商业环境，基本上分为三类：一是政策环境，主要是市场准入问题；二是法律问题，主要指资源配置问题；三是融资问题，这是最大的问题。在目前的政策环境下，民营企业在发展过程中遭遇到的最大问题，就是融资难。毫无疑问，企业要想生存和发

1 求生——沙漠徒步,迭代企业新机遇

展起来,其难度也不亚于在茫茫大漠中挣扎求生。

● 沙尘暴袭击

沙漠生存铁律:史密斯原则

沙漠场景

沙漠徒步活动吸引了众多团队参与,为了争取到干净的水源和舒适的露营地,各个团队之间不得不展开竞争。这种竞争能够增加队员们的紧迫感和危机感,从而提高行动的效率。

但竞争又是一把双刃剑，如果竞争过度，只会增加彼此的虚耗，甚至个别团队会用不正当的手段挖对方的墙角，形成恶性竞争的局面。此时，两个团队不妨进行合作，共同对抗险恶的沙漠。

商业案例

众所周知，微软公司通过与电脑业巨人IBM（国际商业机器公司）的成功合作，挖到了至关重要的第一桶金。正是这桶金成就了微软公司后来的辉煌。微软公司与IBM的合作诠释了弱者通过与强者合作走上成功之路的道理。而微软公司与Sun公司之间的合作，则向我们展示了强强合作的一种双赢结局。2004年4月2日，微软公司CEO斯蒂夫·巴尔默和Sun公司CEO兼主席斯科特·麦克利尼尔向全世界宣布："微软公司和Sun公司将为产业合作新框架的设置达成一个十年协议。"当人们看到两个"巨人"也是一对"冤家"亲密地坐在了一起，就知道合作可以突破很多界限。众所周知，在过去的20多年中，微软公司与Sun公司之间从市场竞争、技术产品的竞争到两个总裁之间的口水战，明争暗斗从来就没有停止过。但是现在双方合作了，巴尔默与麦克利尼尔亲密的样子比什么都有说服力。对今天的IT界来说，没有谁是不能合作的，也没有什么事是不能通过合作来达成的。微软公司与Sun公司的合作向我们说明了这一点。

定律阐释

史密斯原则是美国通用汽车公司前董事长约翰·史密斯提出的一条著名的策略型原则，即"如果你不能战胜他们，你就加入到他们之中去"。

没有永远的敌人，只有永远的利益。无论是合作还是竞争，说到底都是为了利益。传统的企业竞争通常是采取一切可能的手段击败竞争对手，将其逐出市场。企业的成功是以竞争对手的失败和消失为目的，"有你无我，势不两立"是市场通行的竞争规则。在新的形势下，传统的竞争方式发生了根本的变化，企业为了自身的生存和发展，需要与竞争对手进行合作，建立战略联盟，即为竞争而合作，靠合作来竞争。

企业的竞争与合作关系是非零和博弈的体现。它强调竞争者积极争取多层次、跨领域的战略合作，共享资源，集成要素优势，实现双赢或共赢。强者之间尚且如此，弱者之间更应加强竞争与合作关系。通过合作，企业得到了发展，因此也就获得了更多更深层次的合作机会，更多更深层次的合作又让企业可以更快速地发展并壮大。这就是一个合作的效益闭环。

1.4 整体进化：打造最默契团队

琼·卡扎巴赫与道格拉斯·史密斯合著的《团队的智慧》一书曾对团队有这样的诠释——"团队就是一群拥有互补技能的人，他们为了一个共同的目标而努力，达成目的，并固守相互间的责任。"

在沙漠当中，默契的团队是生存的关键。一个具有真正意义上的团队精神的队伍，才能在沙漠中生存下来，因为团队的目的不是单纯意义上的集结，而是优势资源的整合与发展。

首先，沙漠中要想生存，就要坚定信念，相信团队合作的力量是制胜的不二法则。如果没有坚定的信念，整个团队就会迷失在沙漠当中，具有坚强信念的团队才能在恶劣的环境中生存下来，这就要求每个人目标一致，信念统一。而在商场当中，团队组成人员的生活背景、教育经历、工作能力千差万别，如果想让企业生存下去，首先就要建立坚定的信念，而不是简单的股权激励、金元刺激，因为这些在企业发展过程中，只能起到一定的辅助作用，不会是决定性因素。没有坚定信念的团队，在遇到困难的时候，只会分崩离析。

1 求生——沙漠徒步，迭代企业新机遇

其次，在团队中最容易出现个人英雄主义，一旦出现这样的情况，实际上对团队有着极大的威胁。比如在沙漠当中，一个团队中某个人的体能很好，他会不自觉地走在团队前方，甚至会远离团队，在他看来，团队中的后行者都是"累赘"。然而这样的人对整个团队的"杀伤力"极大，不仅会挫败整个团队的士气，甚至会将团队带入危险的境地。要知道，沙漠中各种威胁随时可能出现，流沙、毒蛇、陷阱这些都可能成为致命的威胁。这些威胁对于团队而言可能不算什么，但是那些喜欢逞能的个人极有可能无法独立面对这样的威胁。最为重要的是，这样的行为可能让整个团队陷入困境。

其实这样的情况在当今企业团队中屡见不鲜，一些能力稍强的人在团队中不遵守企业制度，以个人喜好为准则，能力虽然出色，但却是企业团队中的"定时炸弹"，随时可能让整个企业团队分崩离析。在沙漠行走中，企业管理者就可以看到一些队员可能具有这样的"潜质"，可以在未来管理中加以调整。

我们永远不能将个人利益凌驾于团队利益之上。在团队工作中，个人利益可能会暂时受到损害，但是从长远来看，团队利益与个人利益并不对立，团队发展顺利，个人也会受益良多。

沙漠就如同一个具象化的企业生存环境，在这里人性展露无遗。大家为了生存或者达到既定目标就必须建立一个强有力的团队，一个团队成功的关键永远不是走得最快的某个人，而是整个

• 参加沙漠徒步的团队

团队最慢的那个人。如何让企业团队具有战斗力与生存力，企业家在行走完沙漠之后，就会有自己的感悟。

人是影响企业组织执行力和个体执行力最为重要的能动性因素，企业管理者和员工队伍的素质、能力和经验等，都会影响企业战略和经营计划的制定。企业"帅""将""兵"的角色搭配失衡或者配置不合理也是导致组织执行力低下的重要原因，同时也会影响到团队的整体战斗力。有的家族企业中，血缘宗亲等复杂的人际关系也是导致组织执行力下降的重要因素。而有的国有企业和民营企业中，经常看到"外行人"领导"内行人"的现象，"外行人"根本无法服众，这也是导致组织执行力不高的重要因素。

1 求生——沙漠徒步，迭代企业新机遇

沙漠生存铁律：懒蚂蚁效应

沙漠场景

在沙漠生存团队中，往往会有这样一名或几名队员，他们平时很少参与捡柴、生火和做饭这类琐碎的事情，让人觉得他们就是团队中的"蛀虫"，整天无所事事，只会拖后腿。然而事实并非如此，在团队面临生死存亡的关键时刻，这些人往往会给出正确的意见，帮助团队走出困境。他们看起来很"懒"，其实却无时无刻不在关注和思考团队的走向。

商业案例

以自主研发为核心竞争力的奇瑞汽车股份有限公司（以下简称奇瑞公司）近几年在业界崭露头角，而奇瑞公司最初的研发班底就是别的公司淘汰下来的"懒蚂蚁"——10多个因原公司打算撤销技术中心而集体跳槽的工程师。当时一些汽车公司热衷于为跨国汽车品牌做加工装配以获得短期利润，技术人员这些看着好像不干活的"懒蚂蚁"就不受重视甚至被淘汰。而市场却再一次证明，企业要长远发展，必须重视"懒蚂蚁"，培养"懒蚂蚁"。

定律阐释

日本北海道大学进化生物研究小组曾对3个分别由30只蚂蚁组成的黑蚁群的活动进行观察，结果发现：大部分蚂蚁都很勤快地寻找、搬运食物，少数蚂蚁却整日无所事事、东张西望，人们把这少数蚂蚁叫做"懒蚂蚁"。有趣的是，当生物学家在这些"懒蚂蚁"身上做上标记，并且断绝蚁群的食物来源时，那些平时工作很勤快的蚂蚁表现得一筹莫展，而"懒蚂蚁"们则"挺身而出"，带领众蚂蚁向它们早已侦察到的新的食物源转移。原来"懒蚂蚁"们把大部分时间都花在了"侦察"和"研究"上了。它们能观察到组织的薄弱之处，同时保持对新的食物的探索状态，从而保证群体不断得到新的食物来源。

勤与懒相辅相成，"懒"未必不是一种生存的智慧。懒于杂务，才能勤于思考。一个企业在激烈的市场竞争中，如果所有的人都很忙碌，没有人能静下心来思考、观察市场环境和内部经营状况，就永远不能跳出狭窄的视野，找到发现问题、解决问题的关键，看到企业未来的发展方向并制订一个长远的战略规划。

作为一名管理人员，尤其是高层管理人员，一定要拿出一定的精力用来观察和思考方向性的东西。而且职务越高，就要更多地做一些决策，这样就需要具备更多的"懒蚂蚁"的特质。很多卓越的领导者都是一只"懒蚂蚁"，万科企业股份有限公司前董事长王石一年中几乎有三分之一在登山、跳伞、玩极限运动，

1 求生——沙漠徒步,迭代企业新机遇

SOHO中国有限公司董事长潘石屹也是一个"不务正业"的"懒蚂蚁",整天忙着玩微博,但这都不妨碍他们有更多的机会远离战场,从而以一种更高的角度来审视战场。正如经常和王石一起登山的企业家罗红所说,"野外探险给了我最好的思考时间和思考空间"。

> **沙漠心语:成功总是眷顾有头脑的人**
>
> 在沙漠中走上个几十千米或上百千米,就可以充分地考验了一个人的耐力、毅力,以及克服艰难困苦的决心。创业其实就是这样一个概念,就是你遇到困难必须坚持下去,一旦放弃就前功尽弃。
>
> 沙漠行走是一个特别好的团队建设的方式,因为你会发现在这个行走的路上自己不是孤独的,正如在你的人生中间你所有的事情都不是孤独的,关键是你要找到合适的、志同道合的、并且愿意和你一起前行的朋友。那么毫无疑问,沙漠就是一个最好的环境。
>
> 远离都市的喧嚣之后,人与人之间可以形成一个比较深度的交流,而这个交流常常会达到情感的深处或者说是事业的深处,大家能够突破比较浅表的东西,深入下去看到自己灵魂或者看到自己事业和能力的另一面。
>
> 大漠商学院2018届20班
新东方教育科技集团董事长
俞敏洪

2017年9月份，一次偶然的机会，我跟随旅行故事大鹏老师走了一次腾格里沙漠，从此喜欢上了这个神秘的地方。这次沙漠旅行颠覆了我对旅行的认识，因为它既不是游山玩水，也不是拍照留念，更不是走马观花，而是通过四天三晚在茫茫沙漠的艰难跋涉，促使我去静下心来思考人生，梳理公司的经营思路，同时还能与同行的企业家朋友充分交流沟通，碰撞出商机和灵感。这更像一次精彩的MBA课程，让我获得了多方面的收获。

沙漠归来与朋友分享后引起了很多共鸣，于是在2018年4月带10多位企业家再次走进了腾格里，由最初的参与者变成了组织者，对沙漠的认识和热爱又加深了一层。

2019年我计划三次徒步沙漠：一是陪几个企业家好朋友去；二是组织一个平台上的朋友搞一次别开生面的沙漠沙龙活动；三是计划参加大漠商学院徒步挑战赛，结识一些素不相识的企业家朋友，开拓自己的视野。人的一生很短暂，只有不断地挑战自己才会活得更有意义。腾格里沙漠，无论走多少次我都走不够，因为心中有梦想，每一次都能走出新的感受，每一次都能获得新的收获。

旅行故事部落酋长
大漠商学院2017届8班、2018届8班

1 求生——沙漠徒步,迭代企业新机遇

聚合缘新材料科技有限公司创始人兼董事长
王聚会

这不是一次普通意义上的沙漠徒步旅行,也不是一场普通意义上的自我磨炼与极限挑战,这是一场中国精英生命与生命高位碰撞的体验,一场践行者思想与思想跨界交流的盛宴。聚起一团火,散开满天星。期望我们"阳光、沙漠、人的大脑和不朽的梦想"的火种四方流传,"让思想烘烤出香喷喷的面包",以飨故土中国!

大漠商学院 2018 届 19 班
阿拉善论坛理事会主席兼思想委员会主席
北京大学新豫商领袖培育工程创始人
张瞭原

带着目标与梦想,带着观察和思考,再次踏进腾格里沙漠,通过徒步,凝聚正能量的人生观、价值观、世界观;凝聚对行业金字塔的共识;凝聚对文化、战略、战术的共识!

如果能克服掉欲望和懒惰就会变得卓越，我们要并肩前行；沙漠徒步就像做企业，路虽远，但只要我们有目标、有方法、有行动，心在一起，就一定能顺利地走到尽头！

大漠商学院 2017 年 1 班、2017 届 2 班
聚金资本创始人兼董事长
陈聚金

这个世界，离开了谁都会照常运转，一趟沙漠之行，心安理得地关机三天，并实现自己与内心的对话，实际上每一个人最难面对的是自己，认清自己、理解自己、找到自己才是这一趟最大的收获。

找准适合自己的目标，选定目标，坚持下去。

大漠商学院 2017 届 7 班
河南魔飞同创电子科技有限公司董事长
乔小勇

一个人若能自信地向他梦想的方向行进，努力经营他所渴望的生活，他便可以获得意想不到的成功。做企业如徒步沙漠一般，征服了前行过程中的一座又一座大沙丘。这是最好的时代，也是最坏的时代，企业要想发展，必须革新，企

1 求生——沙漠徒步，迭代企业新机遇

业要想成长，必然要与时赋能。团队行走大漠的过程中，也象征一个企业的未来方向，在锐之旗的十四周年来临之际，每一位锐之旗人所展示的锐意进取、百折不挠、敢为人先的精神面貌便是对一个企业最大的献礼。

大漠商学院 2018 届 7 班

河南锐之旗网络科技有限公司 CEO

王茜

行走在腾格里，用心感受同行伙伴的能量。我欣喜，在俗世中已是成就满满的他们，依然选择做这次的挑战；我欣喜，在腾格里这片世外净土，他们像孩子般纯净；我欣喜，我们能在这片荒漠，交心长谈……

阿拉善 SEE 生态协会的创始人曾说过这样一句话：沙漠环境也许可以治理，但人心的沙漠如何是好？于我而言，欢喜自在，活在当下，感恩就好。感恩所有的遇见，因为旅行故事，我们缘聚于此，此生很长，愿你我共好。

大漠商学院 2018 届 8 班

广东广播电视台主持人

高娜

很长一段时间，提起沙漠，我都会想起那个披着乌黑长发，围着淡色丝巾，穿着及地长裙，叫作三毛的像风一样的流浪女子。

每个人都要直面人生：死亡、孤独感、自由与责任，以及生命的意义。穿越浩瀚无垠沙漠，与自己对话，才是真正的思考！行的是路，修的是心！人生没有白走的路，每一步都算数。

年少时有棱角的梦，本就不是用来抹平的。

兴趣、工作、生活，让生命发光发热，照亮自己和温暖别人。

大漠商学院 2018 届 8 班
郑州正九酒业有限公司总经理
王黎红

2
出发——创新型组织

当一个团队开始在沙漠中行走,首先一点就是让团队具有凝聚力,设定规则,否则团队是无法安全走出沙漠的。一个健康而完善的团队构造,可以让沙漠旅行变得快乐而有意义;一个糟糕的团队,则让你的沙漠之旅充满危险。

沙漠生存铁律：路径依赖

沙漠场景

沙漠中并没有人工修建的道路，也就是说在没有危险的前提下，你可以在任意位置行走。然而，在沙漠中徒步的人往往会沿着前人的脚步前进，即便这样要走更远更陡的路，人们也很少选择全新的路线。

商业案例

戴尔公司创始人迈克尔·戴尔在他 12 岁那年进行了人生的第一次生意冒险——为了省钱，酷爱集邮的他不想再从拍卖会上卖邮票，而是说服一个同样喜欢集邮的邻居，把邮票委托给他，然后在专业刊物上刊登卖邮票的广告。出乎意料地，通过这种方式，他赚了 2000 美元，第一次尝到了抛弃中间人，"直接接触"的好处。有了第一次，就再也忘不掉了。后来，戴尔的创业一直和这种"直接销售"模式分不开。

上初中时，戴尔就已经开始做电脑生意了。他自己买来零部件，组装后再卖掉。在这个过程中，他发现一台售价 3000 美元的 IBM 个人电脑，零部件只要六七百美元就能买到。而当时大部分经营电脑的人并不太懂电脑，不能为顾客提供技术支持，更不可

2 出发——创新型组织

能按顾客的需要提供合适的电脑。这就让戴尔产生了灵感：抛弃中间商，自己改装电脑，不但有价格上的优势，还有品质和服务上的优势，能够直接根据顾客的要求提供不同功能的电脑。

这样，后来风靡世界的"直接销售"和"市场细分"模式就诞生了。其内核就是：真正按照顾客的要求来设计制造产品，并把它在尽可能短的时间内直接送到顾客手上。

此后，戴尔便凭借着他创造的这种模式，一路做下去。从1984年戴尔退学开设自己的公司，到2002年排名《财富》杂志全球500强中的第131位，其间不到20年时间，戴尔公司成了全世界最著名的公司之一。正是初次做生意时的正确路径选择，奠定了后来戴尔事业成功的基础。

定律阐释

路径依赖，又译为路径依赖性，它的特定含义是指人类社会中的技术演进或制度变迁均有类似于物理学中的惯性，即一旦进入某一路径（无论是"好"还是"坏"）就可能对这种路径产生依赖。一旦人们做了某种选择，就好比走上了一条不归之路，惯性的力量会使这一选择不断自我强化，并让你轻易走不出去。第一个使路径依赖理论声名远播的是道格拉斯·诺斯，由于用路径依赖理论成功地阐释了经济制度的演进，道格拉斯·诺斯于1993年获得诺贝尔经济学奖。

企业管理者在做出任何一项改革决策时，要慎之又慎，不仅要考虑将要采取的决策的直接效果，还要研究它的长远影响；要随时研究改革是否采取了不正确的路径，如果发现了路径偏差，要尽快采取措施加以纠正，把它拉回到正确的轨道上来，以免积重难返的状况出现。

2.1　方向：辨别方向如同制定目标

我们都知道，在沙漠里面行走，我们可能只看到两种颜色，一种是天空的蓝色，另一种就是沙漠的黄色。一旦有人在里面迷了路，一望无际的黄沙可能会让人丧失生的希望。就算旅行者手里拿着指南针，有的时候也不会产生作用。因为沙漠中会出现沙漠风暴，这样磁场就会发生紊乱，指南针飘摆不定，我们就找不到方向了。所以说沙漠中要想生存的首要一点就是懂得如何判断方向。

对于大多数创业公司而言，很多时候就如同在大漠中行走。

2 出发——创新型组织

● 在缺少参照物的沙漠中很容易迷失方向

他们的目标可能就是沙漠中的水源，如果能够找到水源，这个团队就能生存，如果找不到，这个团队将全军覆灭。此时方向就是找到水源的先决条件。如果一个团队连基本的辨别方向的能力都没有，那么在前方等待他们的只有死亡。

之所以进入沙漠这个场景，就是让参与者感到个人是渺小的，只有依靠团队才有机会生存下来。而团队要想生存，一个时期的战略目标必须是明确、清晰的。只有这样，才能让团体成员明确努力的方向，才能对他们产生巨大的激励作用，从而保证团队能始终朝着既定的目标前进。

2.1.1 实现目标的原则

众所周知，目标管理有"SMART 原则"，即 Specific、

Measurable、Attainable、Relevant、Time-based。这是制定项目目标时必须谨记的五项要点。

- S 即 Specific，代表目标必须是明确的，具体的。
- M 即 Measurable，代表目标必须是可度量的，指绩效指标是数量化或者行为化的，验证这些绩效指标的数据或者信息是可以获得的。
- A 即 Attainable，代表目标必须是可实现的，指绩效指标在付出努力的情况下可以实现，避免设立过高或过低的目标。
- R 即 Relevant，代表目标必须和其他目标具有相关性，指实现此目标与其他目标的关联情况。
- T 即 Time-based，代表目标的达成必须有明确的时间限制（截止日期），注重完成绩效指标的特定期限。

无论是制定团队的工作目标还是成员的绩效目标都必须符合上述原则，五个原则缺一不可。

2.1.2 目标具体实施办法

沙漠行走就是完全按照这一理论来设计安排的，只有每个参与者亲身体验了这一过程，才能够了解到这一原则的重要性。接下来对这些要点进行具体分析讲解。

（1）S（Specific）——明确性

所谓明确，就是要用具体的语言清楚地说明要达成的行为标准。目标明确，几乎是所有成功团队的一致特点。比如在沙漠行走的开始，领队会明确告诉大家，这次沙漠行走所到达的目的地是哪里，如何走，每日行走的距离等。所有团队成员心中都明白如何去实现这个目标，而不是开始行走了，还不知道东南西北。

现在有很多团队不成功的重要原因就因为目标定得模棱两可，或没有将目标有效地传达给相关成员。比如说有些团队总喜欢定一个"小目标"，然后告诉团队成员，大家去照这个小目标来努力。这个"小目标"看着美好，但是团队成员其实并不清楚该如何去做，是每个人都去参与销售，还是都来参与产品研发，或者思考产品售后服务。

出现这一问题的关键实际上就是团队领导者自己并不明白或者不知道通过哪些步骤实现目标。甚至连基本的策略都没有，这样的团队很难在严酷的商业环境下生存。比如目标是"增强客户意识"，这种对目标的描述就很不明确，因为增强客户意识有许多具体做法，例如减少客户投诉，过去客户投诉率是 3%，把它降低到 1.5% 或者 1%；或者是提升服务的速度，使用规范礼貌的用语，采用规范的服务流程，也是客户意识的一个方面。而这里所说的"增强客户意识"到底指什么，不明确定义就没有办法评判、衡量。

实际上，一个团队要达到的目标应该像这样：我们将在月底前，把前台收银的速度提升 30%，如果目标达到，有何种奖励，如果没有达到，则应该找到相应的原因分析并给出解决方案。

所以，我们的目标设置要有项目名称、衡量标准、达成措施、完成期限以及资源要求，这样就能够很清晰地看到，我们的团队计划要做哪些事情，计划完成到什么样的程度。

（2）M（Measurable）——可度量性

可度量性就是目标必须是可度量的，指绩效指标是数量化或者行为化的，验证这些绩效指标的数据或者信息是可以获得的。

这一问题实际上在前文已经有所涉及，那就是达到目标的可度量性。比如我们的团队在沙漠中行走，在第一天会徒步行走 10 千米，第二天会徒步行走 30 千米。其中每天上午将完成多少千米，下午完成多少千米的行走，在每天的计划中都会明确告知参与者，让所有团队成员明白目标是可以衡量的。

目标的可衡量性实际上就在考验管理者对于团队的把控能力以及项目的熟悉程度。善于在沙漠行走的领队，一定会将每个阶段的行程拆分成多个可实现的小目标来完成，比如先到达前方那个山丘，然后再到达那里的一片草滩，将一个长期目标拆分成多个可以实现的目标来完成。如果一开始就把团队的目标定在终点线的旗帜上，可能走到一半，团队不是散伙就是方向走偏了。

同时，在保证目标的可衡量性的同时还要注意避免一些问题，比如盲目定下目标、随意克扣提成以及临时增加任务，这些都会将目标的可度量性变得毫无意义。比如盲目定下不切目标的目标，这会让团队人员感到绝望，从而产生倦怠情绪，一旦这个情绪蔓延，将会影响目标的完成质量，即便是目标完成了，也无法实现可持续增长。这就如同在所有徒步沙漠的成员每天只能行走10千米的时候，你要求每个成员每天要走15千米，而且以后可能还会在此基础上增加，那么这一目标可能在前两天可以完成，到了第三天，整个团队就因为这个不切实际的目标而拖垮。

随意克扣提成在很多团队中是一个常见的现象，因目标完成不了而克扣提成。虽然可度量性的确便于考核，但是如果在管理过程中过分严格，不考虑一些客观因素的存在，反而会适得其反，影响团队的凝聚力。就如同在沙漠中规定团队如果一天走到15千米就可以多获得一瓶水作为奖励，但是这天突然遇到沙尘暴，团队成员只走了13.5千米，那么该不该发放那瓶水呢？笔者认为应该发放，而且发放之后还应该对团队成员进行鼓励，因为大家是克服了外界的恶劣环境在行走，过分苛刻实际上就是一种低级的管理。

临时增加任务可以说是现在大多数创业团队最常见的情况。本来要求达到30%的增长，结果半个月就达到了，管理者极有可能希望40%或者50%的增长，所以要求员工继续努力，但是此时却会有意无意地忽略目标外增长的部分该如何去奖励员工。

所以可度量性一定是建立在一定标准和一定规则之上的，如果管理者随意打破标准与规则，那么可度量性也就不存在了，团队的凝聚力也就是一纸空谈。

（3）A（Attainable）——可实现性

可实现性代表目标必须是可实现的，指绩效指标在付出努力的情况下可以实现，避免设立过高或过低的目标。

目标的可实现性一定是建立在被执行人所接受的基础之上的，如果管理者只是想利用一些行政手段一厢情愿地把自己制定的目标强压给团队成员，那么团队成员必然会产生心理和行为上的抗拒，从而给达成目标造成不利影响。

这种"控制式"的领导喜欢自己定目标，然后交给成员去完成，他们不在乎成员的意见和反映，因为作为领导，大多数情况下不会相信下属所指定的目标，认为他们都是有水分的。而在团队成员的知识层次、自身素质不断提高以及个性鲜明的今天，这样的做法显然不合时宜。因此，领导者应该吸纳更多成员来参与目标制定，即便是团队整体的目标也应如此。

所以在目标设置时，要坚持成员参与、上下左右沟通，使制定的工作目标在组织及个人之间达成一致。既要使工作内容饱满，也要具有可达性。管理者应该制定出跳一下就可以到达的目标，而不是造个梯子都不能达到的目标。

（4）R（Relevant）——相关性

这里表示目标必须和其他目标具有相关性，指实现此目标与其他目标的关联情况。

目标的相关性是指：实现此目标与其他目标的关联情况。如果实现了这个目标，但与其他的目标完全不相关，或者相关度很低，那这个目标即使达到了，意义也不是很大。

比如公司为了完成销售业绩，需要销售人员提升销售技巧，增加销售渠道，这样的要求无可厚非。生产部门则应该加强产品质量管理，减少不必要的损失。但是有些初创团队为了提高销售业绩，会提出一个所谓"全民营销"的策略，要求整个公司的人都来参与销售，这样的做法看似可以提升公司的销售业绩，但是却会让职能部门的目标管理出现偏差，也就是失去了目标的相关性，考核的合理性也就成了空谈。

实际上这也是我们在沙漠徒步中极力避免的。在我们行走过程中，不希望队员完成与徒步无关的行动，比如在徒步过程中要求成员去种树，这样的行为看似正确，但是并不是徒步的目的，而且也不合时宜，如果做这样的要求，显然是强人所难，也失去了沙漠徒步的意义。

（5）T（Time-based）——时限性

时限性就是指目标是有时间限制的。代表目标的达成必须有明确的时间限制（截止日期），注重完成绩效指标的特定期限。

例如整个沙漠徒步需要在第二天的晚上 6 点之前到达指定地点，并在晚上 6 点 45 分之前搭建好营地。如果没有完成，则会有相应的惩罚措施，对于能够准点完成的成员将予以表扬及奖励。

时限性对于很多公司并不陌生，我们这里更强调设置时限性的合理性。没有合理时间限制的目标实际上是没有办法考核，或考核不公。我们在目标设置时要具有时间限制，根据工作任务的权重、事情的轻重缓急，拟订出完成目标项目的时间要求，定期检查项目的完成进度，及时掌握项目进展的变化情况，以方便对成员进行及时的工作指导，以及根据工作计划的异常情况变化，及时地调整工作计划。

比如前面提到的晚上 6 点之前到达营地，但是团员中有人有高血压，或者身体体能在同行者中偏弱，强行要求这样的团员达到要求，不仅会拖累整个团队的进度，造成团队内部矛盾，而且会造成一些不可预知的危险（突发病症或者团队成员身体受伤）。所以时限性有些时候更需要一定的灵活性才能让目标管理更合理。

● 团队中各位成员的体能存在差异

2 出发——创新型组织

沙漠生存铁律：二八定律

沙漠场景

在沙漠中生存，队长是一个至关重要的角色。他是整个团队的主心骨，事无巨细都需要统筹管理。有的队长为了将自己的工作做好，不管是探路、找水和生火，还是搭帐篷和夜间站岗，都要亲力亲为，结果将自己弄得疲惫不堪不说，每件事情都没能做好。而有的队长将找水、生火和搭帐篷这类事情交给专人去做，自己只负责思考和决定重大事务，这样既不会让自己疲于应付，又显著提高了团队的行动效率。

商业案例

有一家技术培训学校的董事长，把学校的管理任务交付给职业化的校长去管理，而他本人主要是策划学校的未来发展方向，致力于打造学校更好的发展平台。由于他领导有方，学校发展速度很快，并增设了很多分校，迅速成为行业中的佼佼者。

而同时另外一家职业学校的董事长几乎是保姆式的董事长，学校内的一切事务，哪怕是清查学生宿舍，他都要一一过问。但他的高度"责任心"并未换来学校的良好发展，后来由于行业竞争的加剧，他开办的这家学校在招生上逐渐陷入困境，最后倒闭了。

定律阐释

二八定律,又名 80/20 定律、帕累托法则、关键少数法则、不重要多数法则、不平衡原则等,被广泛应用于社会学及企业管理学等。二八定律是意大利经济学家维弗雷多·帕累托提出的。他认为,在任何一组东西中,最重要的只占其中一小部分,约 20%,其余 80% 尽管是多数,却是次要的,因此又称二八定律。

二八定律的道理在于,不要平均地分析、处理和看待问题,企业经营和管理中要抓住关键的少数;要找出那些能给企业带来 80% 利润、总量却仅占 20% 的关键客户,加强服务,达到事半功倍的效果;企业领导人要对工作认真分类分析,要把主要精力花在解决主要问题、抓主要项目上。

在团队管理中,并非所有的事情都同等重要。如果一个领导者在管理中均衡用力,不能有效区分轻重缓急,那么管理就会面临危机。因为人的精力都是有限的,管理者什么事情都面面俱到、亲力亲为,一方面会影响下属的工作积极性,另一方面也会影响管理者在重大问题上的思考。

随着团队的发展,必然会伴随一系列问题的出现。在这些问题中,有的是重要问题,有的是次要问题,管理者只有抓住发展中最关键的问题，采取适当的变革，才能为团队进步理顺道路。这就好比在一项生意中，取得成功，往往是抓住了最能赚钱的业务。领导者在带领团队时，一定要区分关键与次要的方面，努力把事关团队发展大局的核心问题处理好。

2.2 寻找合适的领头人

团队中最重要的人就是领头人，如果没有一个好的领头人，那么团队成员再优秀，也无法达到目标。笔者认为最优秀的团队模式就是《西游记》师徒四人，虽然是神话传说，但是这个传说带来的启迪意义很有趣；更何况在现在竞争激烈的商业社会，最优秀的团队往往就是传说的缔造者。

2.2.1 赋能

为什么说唐僧师徒四人是最佳的徒步团队，首先因为团队领导人被给予了足够的赋能：去西天取经。在团队领导者有了足够的赋能之后，才可以达到看似不可能达到的目的。否则一个团队首先会被十万八千里这个遥不可及的距离吓退，更何况这一路还不太平，有各种妖怪挡道。这些与每个团队在实际工作中遇到的问题完全一样，目标遥不可及，过程困难重重。

唐僧之所以是一个合格的领导者，不是因为他能力有多强，而是他善于以身作则，无论前方有多少困难，他都会带领着团队向西前进，目标始终未变。在实际当中，团队领导者就应该以身作则，激发团队成员的积极性，让团队能够不断向前。这不仅是领导者的能力问题，更是领导者的态度问题。

当然，现实中领导者也应该注重员工能力素质的提升，让员工感到自己所受到的支持和帮助，并因此心存感激，更愿意跟随其实现共同的目标。事实上，领导者自身的能力并不一定在所有领域都超过其他成员，认识到这一点的领导者能更好地评价自己和他人，知道在什么时候给予指导，什么时候给予鼓励，什么时候启发思考，什么时候征求意见和建议。赋予他人能力的过程也是提升自己能力的过程。

赋予能力还意味着领导者舍得时间、精力、资金上的投入，积极为员工创造扩大视野、接触前沿的学习机会，意味着允许员工在成长过程中犯错误和付出代价，为员工创造一个敢于尝试和应对挑战的环境，为员工的成长提供更有利的空间。

2 出发——创新型组织

2.2.2 激励团队

团队如果想要不断向前,那么团队领导者就要不断用正能量给予团队成员积极向上的渴望,激发人们不断追求理想,让生命变得更加喜悦、丰盛的动力和情感。一个拥有正向能量的团队可以创造更多奇迹,战胜更大的困难,让人们在困难中看到机遇,在逆境中看到希望,在疲惫时重新获得力量。试想一下,唐僧在小说中不知道被妖怪捉了多少次,何时有过退缩的情绪出现,他始终用自己的行动在激励团队向前——骑着白马继续前进。在现实中,很多团队领导者遭到挫折之后,首先垮掉的就是他自己。

激励团队在沙漠行走当中也很重要。如果一个团队领导者无论要走多远,路上有多少沙丘,地上沙子有多热,始终唱着歌,用积极的心态带领团队向前,那么这个团队肯定会到达目的地的。在沙漠中,没有什么比希望更重要了。

当一个团队的正向能量被激励出来的时候,人们做事的行为会更多出于良知和信任,人们会更愿意付出而不是索取,指责被归责所代替,抱怨被请求和承担所代替。每个团队成员都能感受到这种氛围带给自己的力量,并因此乐于将自己的智慧奉献给团队。领导者要成为善于鼓励、支持、欣赏,成为团队心灵的导师和唤醒者,不断在团队中激励和营造信任、豁达、愉悦、进取的正向能量。

不善于激励正能的领导者,会忽视团队方向性引导,会因为提倡什么、反对什么不明朗，挫伤人们的积极性和主动性。试想一下，在沙漠中，如果团队迷路了，而领导者不仅无法指明方向，而且他自己先崩溃了，无法胜任领导职责，那么这个团队极有可能在沙漠中遭遇不幸。此时，团队领导者不仅没有起到激励团队的作用，而且会让团队成为一盘散沙。没有战斗力的团队是不可能在沙漠中生存的。

2.2.3 执行力

对于团队领导人而言，是否能够执行原则很重要。这一点唐僧就做得很到位。当"刺头"（孙悟空）违反了纪律，无论他有多大能耐，多大功劳，一样有紧箍咒去约束他。虽然小说中大家都不喜欢这一桥段，但是这点在实际管理过程中是非常重要的手段。

中国人从本性上来讲其实并不喜欢被他人监督，所以中国的很多团队管理者也不太愿意去指导和监督下属，他们更乐意坐镇发号施令、安排布置工作和等待下属汇报，而却很少去关注和监督下属工作执行的动态过程。大量的管理实践证明，如果没有工作过程的监督、指导、矫正和结果的评估考核，很多管理工作其实是无法达到预期效果和目标的。原因很简单，因为很多员工"惰性"很强，还有很多"聪明"的员工喜欢"走捷径"和"找借口"，也有个别员工上班就是在琢磨怎么给公司挑毛病或者如何与上级对着干。

这种管理思想的出发点本无可厚非,但是任何的管理思想、理念、模式和做法必须要结合团队不同发展阶段的独特土壤环境。大量的管理实践证明,中国的大部分企业靠组织成员"自觉"或"自律"是无法实现企业预期管理目标的。我们不否定"以人为本",但我们更倡导"以执行为本"的文化导向。纵观中国的企业,我们发现很多中小企业在实现做大和做强的过程中始终没有离开强大的组织执行力支撑。比如华为技术有限公司、伊利实业集团股份有限公司、蒙牛乳业(集团)股份有限公司、恒大集团有限公司等国内相对比较成功的知名龙头企业,其管理背后都有一股强势的组织执行文化在发挥着重要作用。另外,沟通文化缺乏也是影响组织执行力的重要原因。

沙漠生存铁律:鲶鱼效应

沙漠场景

沙漠徒步是一项非常考验意志力的活动,我们都会遇到筋疲力尽、难以为继的情况,倘若团队中有一名或多名队员因此消极懈怠,那么悲观的情绪就会像瘟疫一样席卷整个队伍,使得前进速度越来越慢。此时如果有一名活跃的队员自告奋勇地走在队伍前面，并不断用自己的乐观精神去鼓舞其他队员，整个队伍就会重新焕发生机。

商业案例

2012年，国产智能手机主要玩家还是"中华酷联"（中兴、华为、酷派、联想四家公司），这四家公司基本上都是以运营商合约机起家，赚取的是低端机的微薄利润和补贴。其中华为技术有限公司已经算是最早感受危机、开始布局自主中端品牌旗舰的竞争者之一，而由于绑定海思芯片的战略原则，导致前期的品质和进度都大不如预期，包括公司内部都有了不少质疑的声音。就在这个节点上，小米科技有限责任公司（简称小米公司）以其独有的方式和独特的风格，持续惊艳，给低价厮杀得鲜血淋漓的国内巨头展现了一条极具希望的新活路。老玩家转型、新玩家入局，小米公司这条"鲶鱼"在一片死气沉沉的池塘中激起层层浪花，让整个大环境生机蓬勃。

小米公司的创始人雷军曾经在采访中提到，在小米公司做了手机之后，其他的国产手机没有死掉，反而变得更强。小米公司进入手机行业，就像是在这个稳定的水池中放入了一条"鲶鱼"，使得国内整个手机行业进步很多，形成了和谐共荣的局面。

2 出发——创新型组织

定律阐释

所谓鲶鱼效应,是指鲶鱼在搅动沙丁鱼生存环境的同时,也激活了沙丁鱼的求生能力。其引申含义是采取一定的手段或措施,刺激一些企业活跃起来,投入到市场中积极参与竞争,从而激活市场中的同行业企业。

鲶鱼效应是企业领导层激发员工活力的有效措施之一。它表现在两方面:一是企业要不断补充新鲜血液,把那些富有朝气、思维敏捷的年轻生力军引入职工队伍甚至管理层中,给那些故步自封、因循守旧的懒惰员工和官僚带来竞争压力,才能唤起"沙丁鱼"们的生存意识和竞争求胜之心;二是要不断地引进新技术、新工艺、新设备、新管理观念,这样才能使企业在市场大潮中搏击风浪,增强生存能力和适应能力。

由于鲶鱼型人才的特殊性,管理者不可能用相同的方式来管理鲶鱼型人才,已有的管理方式可能有相当部分已经过时。因此,鲶鱼效应对管理者提出了新的要求,不仅要求管理者掌握管理的常识,而且还要求管理者在自身素质和修养方面有一番作为,这样才能够让鲶鱼型人才心服口服,从而保证组织目标得以实现。因此,企业管理在强调科学化的同时,应更加人性化,以保证管理目标的实现。

2.3 资源重组与资源配置：沙漠行走的前期准备

对于沙漠徒步团队而言，在制定目标并选择团队领导者之后，就应该做好向沙漠出发前的最后一个重要工作：前期物资准备工作。没有哪个团队敢于在没有任何准备的情况下进入沙漠，那样做就是自寻死路。同样的，任何一个团队在开始行动之前，如果没有进行资源重组与配置，那么也很难在严酷的商业环境下生存。

2.3.1 衣物类准备

《论语》有云：工欲善其事，必先利其器，要想顺利完成沙漠徒步计划，就必须切实做好前期准备工作。只有事先将各类徒步装备准备齐全，才能从容应对恶劣的沙漠环境。在各类徒步装备中，衣物是尤为重要的一种。

由于沙漠地区气候干旱，沙尘多，温差变化大，光照强烈，所以在沙漠地区生活的人们在服饰方面格外讲究。例如，阿拉伯人往往缠着头巾、穿着宽大的白色长袍，以便遮挡强烈

2 出发——创新型组织

的阳光，保护皮肤免受伤害。我们在准备沙漠徒步的衣物时，虽然不必照搬沙漠土著的服饰，但是必须遵循防沙、防晒、防风、防寒的原则。穿着合适的衣物，能有效减少沙漠徒步时的失水情况。

一般来说，外套的颜色最好为白色或浅色，白色外套可以反射大量太阳辐射。衣物的质地应该轻便透气，比较理想的衣物材料是既能使汗液从皮肤上蒸发降温，又能提供最大的隔热效果，以防外界热传导和辐射。衣物的式样也很重要，在沙漠里不应穿短袖衬衣和短裤，要尽量让衣物包裹全身。由于沙漠地区昼夜温差大，所以必须备好夜间穿戴的保暖衣物。沙漠徒步推荐携带的衣物如下。

沙漠徒步推荐携带的衣物

名称	说明
遮阳帽	选择全方位防护的帽子，最好是宽檐帽，并带有面罩和护颈布
头巾	功能与遮阳帽相同，适合不习惯长时间戴帽子的人，至少准备两条
护目镜	防风，防沙，防紫外线
速干T恤	基础层上衣，宜深色，能更好地阻挡紫外线
抓绒衣	中间层上衣，夜间气温较低时穿戴
抓绒裤	中间层裤子，夜间气温较低时穿戴
冲锋衣	外层衣服，风大或有雨时穿戴
皮肤衣	外层衣服，晴天穿戴，宜白色或浅色
速干裤	下身，气温较高或运动量较大时穿戴

续表

名称	说明
冲锋裤	下身，风大或有雨时穿戴
徒步鞋	皮革面或者帆布面结构，严禁矮帮、网眼结构徒步鞋
拖鞋	在营地休息时穿戴，也可选择其他轻便、宽松的鞋子
袜子	较厚的羊毛徒步袜为佳，准备四双左右
鞋套	防止沙子灌入鞋内
手套	半指手套，防止登山杖等磨手

如果将衣服比作团队的各种基本福利，比如"五险一金"，那么团队的福利好，团队成员就能够更好地为团队服务。如果这些福利有所打折，那么团队凝聚力也可想而知了。

2.3.2 户外装备类

很多喜欢户外活动的人都知道户外装备的重要性，尤其是在沙漠这种恶劣环境中，户外装备起着至关重要的作用。合理使用各类户外装备，能让我们的沙漠徒步活动更安全、更舒适。沙漠徒步推荐携带的户外装备如下。

沙漠徒步推荐携带的户外装备

名称	说明
帐篷	防风、防沙、耐磨损，配备沙钉、雪钉或者 V 形钉
睡袋	根据季节选择不同温标的睡袋，首选羽绒睡袋，轻便暖和
防潮垫	夜间露营时使用，具有防硌、防潮、保暖的作用
随身背包	舒适的一日户外徒步背包，容量在 30 升左右，能装下所有非随车物品

续表

名称	说　　明
随车背包	放在保障车上，容量在 50 升左右，用来收纳夜间使用的日用品、备用的衣物等
多功能铲	具有铲、镐、锄、锯、切、砍等功能
登山杖	选择外锁登山杖，并配上雪托，减小压强
头灯	个人夜间照明
营地灯	营地夜间照明
密封袋	保护相机、摄像机、手机等精密工具免受风沙损害
水袋	保温隔热
火种	随身携带火种，一旦失踪可以找沙生植物点燃发出烟雾信号
便携式餐具	碗、筷子及汤勺等
救生哨	遇到危险时求救

我们可以将这些装备类比为公司的硬件设施，比如电脑、桌椅、交通工具等，这些都是团队正常启动的必需的物质条件。

2.3.3　急救保健类

沙漠地区人迹罕至，在受伤或生病时很难得到及时有效的治疗，为了应对沙漠徒步中有可能遇到的伤病情况，必须提前准备一些必要的药物和护理用品，以及高热量零食等应急物资。沙漠徒步推荐携带的急救保健物品如下。

沙漠徒步推荐携带的急救保健物品

名称	说明
防晒霜	防止晒伤
润唇膏	防止嘴唇干裂
漱口水	保持口腔干净清新
湿纸巾	快速清洁和消毒
驱蚊水	防止蚊虫叮咬
爽身粉	涂抹在运动时经常被摩擦的身体部位
创可贴	快速止血，保护创口
常用药品	感冒药、止泻药、消炎药、眼药水，以及治疗中毒、中暑和晒伤等病症的药品
零食	坚果、巧克力、能量棒等，以方便食用、不费水、不易变质、高热量为原则

我们可以将这些物品看做是团队的后勤保障能力，能为员工提供各种后勤服务，让员工可以安心工作，而无后顾之忧。

2.3.4 可选装备类

除了衣物、户外装备和药物，还可以根据个人实际情况携带一些有可能会用到的重要物品，例如晕车贴、充电宝、望远镜等，它们能有效帮助我们战胜沙漠中的各种困难。沙漠徒步推荐携带的可选装备如下。

沙漠徒步推荐携带的可选装备

名称	说明
晕车贴	晕车者使用

续表

名称	说明
暖宝宝	畏寒者在夜间休息时使用
眼罩和耳塞	帮助睡眠
充电宝	防止手机断电
电子产品及配件	手机、相机、摄像机、耳机、备用数据线、备用内存卡、备用电池等
望远镜	方便找人,以及观察地形和天气等
GPS手持机	防止迷路,也可选择指南针
卫星电话	在无手机信号的地区配备
小圆镜	发送光反射信号
个人洗漱用品	毛巾、牙膏、牙刷等
便携椅	可以折叠,携带方便
便携式炊具	防止与保障车走失后无法烹饪
车辆救援工具	拖车绳、U扣、轮胎充气泵、绞盘、补胎工具、防沙板等

2.3.5 科学装包技巧

沙漠徒步时,背包装填不良会影响使用的方便性和舒适性,或造成重心偏移和背包损坏。因此,装填并非将所有物品全扔入背包,而是要背得舒服,走得愉快。装填时除了先将各种物品依用途分类外,还要注意两点:第一是左右平衡重心稳固;第二是存取方便。

具体来说,科学的装包原则有以下几点。

①在装包前一定要放松背包上的外挂带和收缩带,让背包

内的空间充分施展开。装满物品后一定要收紧收缩带,以加固包中物品。

②质量较重的放在中上部且尽量靠近背部,可使重心紧靠背部以免有被后拉的感觉。体积大、质量轻的物品可以放在最底下,这样不影响重心;另外由于重物压在上面,所以使用一段时后背包会较为密实。

③坚硬的物品不要放在贴背的部位,否则会直接顶到背部让人不舒服甚至跌倒时会伤到背部,或因坚硬的物品与背部仅隔一层背包布,很容易把背包布磨破。

④背包左右放置的物品质量应该相仿,以免重心偏移。雨衣、饮水及当日使用的东西应该放在最上面或最容易取得的地方。

⑤男女背包在装包时有一点区别,因为男性上半身较长,而女性的上半身躯干较短但腿较长,装填时男性的重物放高些,重心位置接近胸腔,女性的重心略低些,位置接近腹部,重的物品尽量贴紧背部,让重心高于腰部。

⑥有使用物品分类袋的观念:将同类物品或同时使用的物品放在同一袋中以方便取用,零散的小东西更该如此。

⑦养成定点放置的习惯:不但整理背包较快,且在摸黑环境中也能摸出想要的东西。

⑧尝试改变装填方式,尽量减少不必要的背包外吊挂,这

2 出发——创新型组织

不但会影响行动安全,而且不美观。

⑨如果背包面料较薄或外挂用品较多,尽量使用背包罩来保护装备和包体。

前面我们之所以将这些装备用表格的方式展现出来,这也是希望所有团队在开始工作之前,应该将所有必需的物资与软件设备用这样的形式列出来,逐项落实,这样不仅可以查漏补遗,而且便于管理,做到不遗漏、不缺失。这些工作看似简单,但是对于一个希望健康成长的团队而言是至关重要的,没有坚实的基础,在后期必然会遇到各种问题,那个时候再来补课,可能就需要花更多的代价。

● 整装待发的沙漠徒步团队成员

> **沙漠心语：迈出第一步，你就成功了一大半**
>
> 感慨大自然之神奇，茫茫大漠，放眼望去，艺术之美无言形容，一棵草、一朵花、一只虫，生命之美孕于坚强之中。
>
> 感动人与自然之深情，阿拉善、梭梭树，晓以至善，光辉永存。
>
> 感谢大漠商学院之大爱，大漠归来皆兄弟，因徒步沙漠而相连，细致的后勤保障、用心的行程安排、温暖的领队教练、科学的内容设计，无不渗透着创始人大鹏的爱之深，无不渗透着旅行故事的情之切。
>
> 人生的每一个第一次都是弥足珍贵的，我万分开心与感激。我的第一次户外，献给了旅行故事，献给了大漠商学院。
>
> 大漠商学院 2018 届 8 班
天赋故事教育发展中心创始人
萨提亚（河南）中心创建人
吴和芳

有种忙，叫做你觉得你忙。

我 26 岁就当上总经理，33 岁开始创业，曾经与蒙牛、伊利等奶业前六名都有过合作，现在又投资多家产业园，每天都陷于工作中忙得不可开交。

可是身处大漠，手机关机，我忽然发现之前的一切都是假象，天下本无事，庸人自扰之。世界上最大的沙漠其实就在你的心里,就是"你不行",希望每一个人都能走出心中的那片沙漠。

大漠商学院 2017 届 8 班
河南省天润包装有限公司董事长
寇海波

爷们儿俩最豪情的约定就是去大漠裸奔一次,五十知天命,五十公里徒步穿越,十万步对话腾格里,小哥们儿一天挑战三十公里,宁肯腿走断,走到寒假,也不肯乘车……品于至善,勇往直前。

大漠商学院 2017 届 10 班
河南联大教育管理有限公司董事长
甘宇祥

沙漠净化了我们的浮躁,没有希望并不可怕,可怕的是没有走下去的信仰。突破人性的执念,回归使命的驱动,坚信只要跟着走,走下去,就能找到属于我们的荣耀!一起走,路自然就在脚下!

大漠商学院 2017 届 11 班
河南鸿宝地产集团有限公司总裁
袁晓曦

我很享受徒步沙漠的整个过程，穿越过沙漠，感觉自己身体的潜能无限之大，可能之前也没有想过自己能这样轻松走完全程。

其实行走沙漠，不在于快，而在于稳，跟着前面人的步伐和节奏，一步一个脚印，成功就在眼前。

只要心足够强大，身体都不是问题，此次沙漠徒步，给自己的身体做了一个全面体检。

大漠商学院 2017 届 8 班、2018 届 22 班

河南百消丹药业集团有限公司总经理

佘振生

此次沙漠徒步活动是我认为最有意义的活动，累到极致、挖掘潜力；难到极致、寻求变革；一人走快、众人最远；刻骨铭心、终生难忘。感恩遇见生命里的所有人。

大漠商学院 2018 届 12 班

河南省尚阖商贸有限公司总经理

陈统

本着最简单的目的："徒步沙漠，挑战自我！"当三天真正走下来的时候我才明白，这不只是简单的沙漠徒步，得到

2 出发——创新型组织

的也不止是一次简单的旅行,而是一堂商学院课程。

沙漠行走如同骆驼,它步伐稳健、吃苦耐劳、勤恳努力、执着坚韧!更是给人以一种不畏道路艰险、忍辱负重、长途跋涉的精神。

大漠商学院 2018 届 19 班
西安自力生餐饮管理有限公司董事长
延波米线创始人
延波

大漠徒步的艰辛历历在目。突然感到热辣的阳光从头顶照射下来,一会儿又感到雨水淅淅沥沥打在身上又冷又累,还有扑面而来嗡嗡作响的大蚊子,深陷黄沙艰难前行,不停地追赶着前面的目标,杂乱匆忙的脚步,愈来愈显疲惫,气喘吁吁的她是疲惫到了极点,不能向后看,只能前行,怎么办?茫茫沙丘绵延起伏,前方困难重重,再追逐肯定要乱了方寸丢失方向。她终于明白,此时不如放慢脚步调整声息把握节奏才有可能走到终点……

沙漠行走带来的思考,留恋安逸不如常思艰辛,无谓的追赶不如调整脚步有序前行,坚持、坚定、坚守!

大漠商学院 2018 届 19 班
深圳市医科信医疗技术有限公司总经理
饶瑛

3
行进——不积跬步无以至千里

古语有云：不积跬步，无以至千里；不积小流，无以成江海。对于在崎岖难行的沙漠中徒步行走的人来说，这句话显得尤为重要。沙漠是一个非常难以战胜的敌人，但只要我们走好脚下的每一步，终究会取得胜利。在企业的发展过程中，同样需要这种锲而不舍的精神。

3 行进——不积跬步无以至千里

沙漠生存铁律：德鲁克定律

沙漠场景

团队在沙漠中徒步行走时，为了提升前进速度，走在最前方的向导往往会刻意加快自己的脚步，希望能带动后方的其他队员。然而，实际结果通常事与愿违，整个团队的速度并不会因此变得更快。这是因为决定队伍整体速度的并不是走在最前方的向导，而是落在队伍最后方的那名队员。

商业案例

上海华讯网络系统有限公司（简称华讯公司）有一个员工，由于与主管的关系不太好，工作时的一些想法不能被肯定，从而忧心忡忡、兴致不高。刚巧摩托罗拉公司需要从华讯公司借调一名技术人员去协助他们搞市场服务。于是，华讯公司的总经理在经过深思熟虑后，决定派这位员工去。这位员工很高兴，觉得有了一个施展自己拳脚的机会。去之前，总经理只对那位员工简单交代了几句话："出去工作，既代表公司，也代表你个人。怎样做，不用我教。如果觉得顶不住了，打个电话回来。"

一个月后，摩托罗拉公司打来电话说："你派出的兵还真棒！""那当然，我还有更好的呢！"华讯公司的总经理在不忘推销公司的同时，着实松了一口气。这位员工回来后，部门主管也对他另眼相看，他自己也增添了许多自信。在后来的工作中，这位员工对华讯公司的发展也做出了不小的贡献。

这个例子表明，注意对"短木板"的激励，可以使"短木板"慢慢变长，从而提高企业的总体实力。人力资源管理不能局限于个体的能力和水平，更应把所有的人融合在团队里，科学配置，好钢才能够用在刀刃上。木板的高低与否有时候不是个人问题，而是组织的问题。

定律阐释

德鲁克定律又称木桶理论，是指一只木桶能盛多少水，并不取决于最长的那块木板，而是取决于最短的那块木板。因此，德鲁克定律又称短板效应。这对一个组织同样适用，任何一个组织，可能面临的一个共同问题就是构成组织的各个部分往往是优劣不齐的，而劣势部分往往决定整个组织的水平。

短板效应在评价企业的销售能力、市场开发能力、服务能力、生产管理能力等方面非常有效。进一步说，每个企业都有它的薄弱环节。正是这些环节使企业许多资源闲置甚至浪费，发挥不了应有的作用。如常见的互相扯皮、决策低效、实施不力等薄弱环节，都严重地影响并制约着企业的发展。因此，企业要想做好、做强，必须从产品设计、价格政策、渠道建设、品牌培植、技术

3 行进——不积跬步无以至千里

开发、财务监控、队伍培育、文化理念、战略定位等各方面一一做到位才行。任何一个环节太薄弱都有可能导致企业在竞争中处于不利位置，最终导致失败的恶果。

3.1 实现目标：沙漠跋涉

3.1.1 没有捷径：科学行走最省力

两点之间，直线最短。这已经被证明为伟大的公理。没有人喜欢走弯路，都希望花最少的时间走最少的路到达目的地。但是，几何题和现实生活毕竟相差了十万八千里。没有人喜欢走弯路，所有的人都在寻找两点间那条直路，而现实是，大多数时候都没有捷径可走，沙漠徒步时尤其如此。

一望无际的沙海，并不是一马平川。我们在沙漠中会遇到许多大的沙丘或沙山，一定要绕过去，切忌直接翻越陡坡。我们要尽量避开背风面松软的沙地，尽量在迎风面和沙脊上行走，因为迎风面受风蚀作用，被压得很实，比较硬，在上面行走比较容易，也省力气；而背风面主要是风积形成的，比较松

• 陡峭的大沙丘

散,在上面行走,陷入较深,比较消耗体力。如果有驼队的话,踏着骆驼的蹄印走,可以节省很多体力。

如果非要翻越沙丘,可以适当地选择较缓的坡上去,但也不要为了绕过一个沙丘而去走很远。坡度过大时,可用鞋尖踢沙行走,即将自己的鞋踢进沙里。生活在沙漠地带的人常用这种方式,但他们穿平底布鞋,踢进去很容易。如果穿的是大头鞋,难度就大一些,也不适合长时间踢。这时要侧身走,用鞋底的外侧和内侧切进沙里行走,重心也在鞋底的外(内)侧,比较省力。过于陡峭的坡,可以走"之"字形。

负重在沙漠中行走,上下翻越松软的沙丘,对膝盖构成很大的压力,很容易造成损伤。为了给双腿减轻承重,用带大雪托的双杖辅助行走会起到事半功倍的效果,尤其是上坡,会为双腿分担至少四分之一的承载力,延缓身体疲劳,也提高了行进速度。

在上坡行走时,最好沿着前面人的脚印走,因为脚印下的沙子已经被踩实,跟走在台阶上差不多,利用手杖的支撑,可

3 行进——不积跬步无以至千里

● 沿着前面人的脚印走是不错的办法

以很轻松地翻越沙丘；在平缓的地方行走时，不要跟着前面的脚印走，最好在偏离十几厘米的没有经过踩踏的地方走。当然，队伍人数较多时，为了防止队伍拉得过长，也不必强求这一点。

除了科学的行走方式，严格控制行军速度和定时休息也是顺利到达目的地的关键。沙漠负重穿越以行走 40 分钟休息 3~5 分钟为宜，要严格控制休息时间和行走时间，时速掌握在 2.5~3 公里 / 小时。白天行走时间有限，就得增加夜晚的行走时间。在没有足够强的月光下，开路人可利用强光手电探清前方行走路线，后面的队员利用头灯根据前方脚印行走。

从管理的角度来讲，两点之间看似最短的距离不一定是一条直线，而是一条障碍最小的曲线。正如俞敏洪所说，两点之间最短的距离并不一定是直线，特别是在人与人的关系以及做事情的过程中，我们很难直截了当就把事情做好。我们有时需要等待，有时需要合作，有时需要技巧。也许飞机能够在两点之间直飞，但即使飞机飞行，如果前面有个大气流，也通常只能绕过那个大气流飞行。我们做事情会碰到很多困难和障碍，有时候并不一定要硬挺、硬冲，可以选择有困难绕过去，有障碍绕过去，也许这样做事情更加顺利。大家想一想，我们和别人说话还得想想哪句话更好听呢。尤其在现在这样比较复杂的社会中，大家要学会理解、谅解别人，要让人觉得你这个人很成熟，很不错，你才能把事情做成。

3.1.2 目标途径

沙漠环境变幻莫测，让人很容易就迷失方向，最终因为饥渴葬身于沙漠之中。有人认为在沙漠迷失方向后只要一直走直线就能走出去，这种思想是大错特错的。在茫茫沙漠里，保持直线行走是很困难的。因为沙漠中四处是沙子，稍不注意就会陷进沙子里。在沙漠里行走都是一深一浅，两腿之间的力量难以平衡。即便你闭着眼睛朝着心中的直线方向走，但实际上你走的还是曲线，意识和现实还是有区别的。

在沙漠中迷失方向的主要原因是缺少参照物。找不到参照物就很难分辨方向，一不留神就会迷失方向。有经验的人会利

3 行进——不积跬步无以至千里

用天上的太阳或者是月亮来判断方位，但是这个方法需要注意时间。时间点不同，太阳或是月亮的位置也是不一样的。有人可能会

● 骆驼是沙漠徒步时的好伙伴

说，带上指南针就万事大吉了。的确，敢到沙漠中去探险或是旅游的人，自然会做好万全准备，带上这些指向装备。不过，有时候指南针在沙漠里也派不上用场，如果遇到沙尘暴或是遭到强力磁场的干扰，指南针的用处也就不大了。

因此，没有经验的人想进入沙漠，千万要找好向导，不要莽撞前行。向导有着丰富的沙漠徒步经验，对当地沙漠的环境也很熟悉，不仅能让队伍少走弯路，还能在危急时刻带领队伍走出困境。如有条件，还可以带上几匹骆驼，它们不仅能帮助队伍驮载装备，同时也是称职的沙漠向导。

在团队管理上，很多时候也需要一个向导，而不是一个领导。什么是领导？就是在一定条件下，指引和影响个人或组织，实现某种目标的行动过程。其中，实施指引和影响的人称为领导者，接受指引和影响的人称为被领导者。领导的本质是人与人之间的

一种互动过程。

　　领导可以分为平行领导、向下领导和向上领导。在全民创业的今天，合伙人制是大家一致倡导的科学管理方式，很多事情是通过共同商讨和决议而进行的，在古代叫和议，就是所谓的平行管理。因为术业专攻、各司其职，在业务上没有谁领导谁，在行政上本身也具备很高的自我管理能力，所以都是围绕具体的事件进行解决办法的讨论。但是这类管理模式只有在合伙人这个级别的管理中才会更好地发挥作用，而且要一开始就建立这样的模式。

　　向下领导是指在成熟的大组织里，很多决策，无论是共同决策的结果还是单一的决策结果，都要层层向下传达。因为组织过于庞大，不能实现所有人都是平行管理，所以需要层级制。但是因为很多时候个人的私心和权力欲望等原因导致向下领导成了权

● 向导是沙漠徒步时不可或缺的角色

3 行进——不积跬步无以至千里

力表达的一种方式,很多下层员工得不到尊重,进而失去了其本身的管理功效。

向上领导的方式基本很难实现。向上领导是指员工自主地向上管理其领导,这要求员工组织本身具有极强的专业性,即便员工组织具备这样的能力,领导组织也未必有这样的胸怀。

综上所述,如今领导俨然已经成为权力的一种表现形式,基本很难实现领导本身的功能。而向导本身字面意思也有引领的韵味,更有帮助的含义。所以在管理上与其做个强势的领导,不如做个善解人意的向导。在此向导绝对没有"老好人"的意思,更想表达的是专业性的指引和业务帮助。

沙漠生存铁律:柏林定律

沙漠场景

向导是沙漠徒步时必不可少的角色,他们有着丰富的沙漠徒步经验,能够从容应对可能发生的种种危险。虽然向导大多数时候都能带领团队成功走出困境,但他们也会有失误的时候。沙漠环境复杂,即便是身经百战的老向导,也无法保证一切都在自己掌握之中。他们的徒步经验,有时候也会成为"陷阱"。

商业案例

TCL集团股份有限公司（简称TCL集团）创立于1981年，其前身为中国首批13家合资企业之一的TTK家庭电器（惠州）有限公司，最初从事录音磁带的生产制造，后来拓展到电话、电视、手机、冰箱、洗衣机、空调、小家电、液晶面板等领域。20世纪90年代，在董事长兼总裁李东生的带领下，TCL集团一路高歌猛进，取得了不小的阶段性成果。1999年，TCL集团开始了"国际化跃进"，这意味着TCL集团将同时在国外、国内两线作战。遗憾的是，市场形势剧变，打破了李东生的美好设想。因为国际竞争对手的反攻，TCL手机在国内市场销售急剧萎缩。而TCL集团刚刚收购的欧洲业务，也因为无法适应平板彩电市场的新规则，陷入了亏损的境地。虽然TCL集团的彩电产量位居世界第一，但却没有平板彩电屏幕的核心技术。

毫无疑问，陷在"成功陷阱"中的TCL集团面临艰难的系统转型问题。幸运的是，TCL集团最终走出了这个陷阱，成为中国企业国际化的先行者和引领者。如今，TCL集团在全球80多个国家和地区设有销售机构，业务遍及全球160多个国家和地区。

定律阐释

柏林定律是指成功的最大障碍莫过于取得不断的成功。在不断成功之后，人们往往会认为自己已经无所不能。即是说，对于下一步的成功来说,上一步成功往往表现为一种惯性陷阱。定律的提出者是法国行为科学家欧文·柏林。

如果成功地完成了某件事,人们会把它程序化:经验—规则—继续。习惯是世界上最坚硬的石头,一旦习惯了某条成功的路线,就很难去尝试其他的路。

对于企业来讲,通常情况是,市场和消费者行为不停地发生变化,企业却还在一意孤行。即使是一些刚开始做事非常灵活、以顾客为导向的知名企业,都很难批评或挑战自己过去的成功经验。于是它们逐渐丧失了灵敏度和适应能力,然后就有可能成为成功的牺牲品。外界条件变化得越快,成功经验就越容易落伍。如果公司想继续保持领先,就必须跟上时代的步伐,放弃固有的组织流程。

3.2 掌握趋势:最短的行进距离

古代有两个商人经过一片沙漠时迷路了。沙漠浩瀚无边,方圆百里没有任何参照物,除了沙子还是沙子。他们不知道往哪边走，走了一阵子又走回了原地。到了晚上，两个人更无法辨别方向，甚至不知道看北极星，只好在沙漠里冻了一宿。

第二天，两个人的意见发生了分歧。第一个人坚决认为要往西走，第二个人虽然不知道要往哪边走，但不同意第一个人的意见，说来的时候就是这个方向，怎么可能往回走呢？冲突得不到解决，两个人只好各走各的路。

第一个人为了走出沙漠，认为不管是回去的路还是走到其他什么地方，只要能走出沙漠就好。于是他坚定一个信念，只朝着一个方向走。虽然朝着这一个方向走并不是直线，两天两夜后，他的食物和水已经用完了。正当绝望之际，他看见了前面不远处的炊烟正袅袅升起，像是欢迎他的到来。就这样，第一个人成功地走出了沙漠。

第二个人认为两点之间最短的距离是直线，只要走直线，不走弯路，就一定会走出沙漠，而且还会比第一个人先走出沙漠。为了走出沙漠，他在原地做了一个记号，然后朝东走。走了不多久，他觉得不对，以为自己走了弯路，又返回原地。接着往南走，不多久又折了回来。接着往北走，走了半天仍然不见一个人影，以为又走错了，还是回到了原地。接下来，他尝试了西南、西北、东南、东北，几乎每一个方向都试过了，他还是回到了原地。这时候，他的食物和水也用完了。几天后，这个人不但没有比第一个人先走出沙漠，而且死在了沙漠里。

3 行进——不积跬步无以至千里

他死的时候仍然不明白,沙漠里没有直线,只有方向。

姑且不论这个故事的真实性,它所揭示的道理却是千真万确的。在茫茫沙漠中,如果你不转变你的思路,一味地追求所谓的直线,那么等待你的只能是死路一条。直线距离虽短,却不一定好走。沙漠里的沙丘一个接着一个,一会儿上一会儿下是很累的,如果你学会顺势而为,选择沿着沙脊行走,就会省力很多。有的人不明白这个道理,经常以为向导走错了。其实沙漠里只要方向正确,怎么走都行,向导有时候会绕一下,肯定是为了省力。当我们不知道方向时,可以走到沙丘顶部仔细观察地形,选择一条最省力的行进路线。

• 沙丘顶部便于观察地形

鲁迅曾说："其实世上本没有路，走的人多了，也便成了路。"屈原也说过："路漫漫其修远兮，吾将上下而求索。"对于企业管理而言，这两句话分别代表着不同的管理理念，那便是"顺势而为"和"逆流而上"。前者提出，路是人去走才走出来的；后者认为，路其实一直都在，人要朝着这个方向去探索，它不以人的意志为转移。

"顺势而为"和"逆流而上"，在不同管理环境下，都可以为我们提供借鉴。

有这样一个故事：城市某处有一块绿地，设计者深谙"曲径通幽"之道，设置了许多蜿蜒曲折的小道。可惜，设计者忽略了一个问题——与小区和公园的绿地不同，这块小小绿地处在商业区跟住宅区的中间地带，经过这里的大多是往来匆忙的人群，于是绿地上出现了一条黄泥道。是维持现状让大家继续走，还是设置警示，派人监督？前者有违初衷，后者治标不治本。国外有个故事值得借鉴：同样是一块草地，设计者压根儿没有设计道路，任由人们自己去行走，最后在走出来的泥道上铺设道路，也就不会出现乱踩草地的行为了。这便是"顺势而为"。

企业管理也是如此。例如，绩效考核对每个岗位提出了可以测量的分解目标，但这也造成了所有工作均为了完成目标而开展，创新空间被无限压缩，工作的愉悦感跟成就感大打折扣。很多时候制度设计者的初衷都是好的，但是由于没有因地制宜、因时制

3 行进——不积跬步无以至千里

● 在沙脊上行走的徒步队伍

宜,而往往造成与人本性相悖的冲突,徒增企业内耗。这时候,就需要"顺势而为"了。其实,"顺势而为"不代表"无为",而是在顺应人性和趋势的情况下,做出性价比最高的调整。

如果说"顺势而为"多存在于项目设计和发展规划上,那么"逆流而上"关注的则是如何解决问题。因为人性中天生有一种"怕"的因子:怕麻烦、怕别人有不好的看法,或者仅仅就是怕改变。面对这样的现状,管理者便不能顺势了,必须迎难而上,在提振员工信心的基础上找准问题的症结,加强创新,攻坚克难。

路是人走出来的,又是指引人方向的。"顺势而为"和"逆流而上",都是为了找到路、走好路。

沙漠生存铁律：彼得定律

沙漠场景

沙漠中，绵延起伏的沙丘是一道美丽的风景线，也激发着人们的征服欲。爬上沙丘顶部眺望远方，会让人充满成就感。然而大大小小的沙丘数之不尽，你不可能每一个都爬上去，遇到难以攀登的巨大沙丘，如果你不懂得放弃，就只会让自己陷入困境。

商业案例

一位成功的销售人员，学历虽然不高，但是工作非常努力，加上口才了得，因而个人销售表现好，多年来都是公司最佳销售员。公司因此提升他到主管职位，领导一整队销售人员。他到任后，问题出现了，由于他的领导及执行能力不强，而下属又不认同他的做事方式及政策，公司也不满他未能提高整体销售业绩。面对种种压力，他渐渐地失去了信心，工作士气低落。更大的问题是，他发现自己无路可退，再去担任原来的销售员职位，等于抹杀了自己以往的成就。去别的公司求职，自己的学历及近年表现又不出色。更糟的是，在经济不景气的情况下，公司计划裁员，他变成了高危一族，惶惶不可终日，工作表现更加不济。

3 行进——不积跬步无以至千里

定律阐释

美国学者劳伦斯·彼得和雷蒙德·赫尔在对组织人员晋升的相关现象研究后，于1968年在《彼得定律》一书中阐述了彼得定律。每个组织都是由各种不同的职位、等级或阶层排列所组成的，每个人都隶属于其中的某个等级。在各种组织中，很多雇员都会因为业绩出色而接受更高级别挑战，被一直晋升，直到晋升到一个他无法胜任的位置，他的晋升过程便终止了。所以，彼得定律有时也被称为"向上爬"定律。

这种现象在现实生活中无处不在，一名称职的教授被晋升为大学校长后，却无法胜任；一名优秀的运动员被提升为主管体育的官员后，而无所作为。因此，该定律又得出彼得推论："现在，每个岗位都趋于被一个无法承担其责任的员工所占据"和"一份工作会被那些暂时还没有到达他们的'不称职级别'（彼得高位）的人所完成的"。

在一个组织中，每个员工都有他/她的提升指数（PQ）。当他/她被提升到他/她的彼得高位时，他/她的PQ值即为零。对于一个组织而言，相当部分的人被推到不称职的级别，就会造成组织的人浮于事，效率低下，导致平庸者出人头地，发展停滞。因此，就要求改变单纯的"根据贡献决定晋升"的企业员工晋升机制，不能由于某人在某岗位上干得很出色，就推断此人一定能胜任更高的职务。将一名职工晋升到一个无法很好发挥才能的岗位，不仅不是对此人的奖励，反而使其无法更好地发挥才能，也给企业带来损失。

3.3 意志力训练：坚持坚持再坚持

  沙漠的环境像是天使与魔鬼的共生，既有着震撼心灵的风景，也有着令人生畏的黄沙。昼夜的温差，炙热的狂风，似乎都阻止着人们的进入。可这些只能让弱者回头，却无法阻拦勇敢的心，对他们来说这是一段旅途，更是一段征途。

  在沙漠里行走，满目萧然，荒凉孤寂，百感交集，最考验人的耐力和意志力。头顶骄阳和脚下沙坑一样沉重，每迈一步都需要勇气，黄沙漫漫，非常考验你的体力。此时，你唯一能做的就是咬牙坚持，不断突破耐力和意志力的边界。

  无论沙漠徒步还是企业管理，成功与失败的分水岭在于意志力的强弱差异：成功者常常是意志力坚强的人，失败者常常是意志力薄弱的人。训练和提升意志力，就能使一个人获得成功的强大动力。只要一个人具有善于自我克制的坚强意志力，他就能承受常人难以承受的苦难，征服常人难以征服的障碍，完成常人难以完成的事业。

《大脑与个性》一书的作者威廉·汤姆森的研究发现，人类的大脑物质其实有很强的可塑性，也就是说，人的大脑功能经过培养和训练，是能够被强化的。所以，人的大脑决不应该满足于天生就具备的少数几项功能。相反，通过人为的训练，通过教育，人的大脑细胞是能够发生变化的，从而使人获得很多并非得自遗传的功能或能力。

坚强的意志力——这一禀赋是每个人都具有的至高无上的权利。在每个人的大脑中，都有着取之不尽、用之不竭的财富。正是具有控制能力的个人意志力，才使得大脑人性化。所谓人性化的大脑，是指人的大脑经过日积月累的训练，能够用理性的目光判断是非，用真挚的情怀体恤他人，用宽容的态度理解世界。正是意志力为思考能力铸造了存在的空间，并且使其成为人的身体中最具人性化的部分。当这种高贵的意志力和他的天赋、学识、才能完美地结合时，他就能获得富裕的生活、非凡的业绩和令人瞩目的成功。

威廉·汤姆森曾说："在人生的道路上，出发时装备精良的人不在少数，这些人有着过人的天资、有机会接受良好的教育、有社会地位——这一切本该使他们平步青云。但是，这些人往往一个接一个地落在了后面，为那些智力、教育和地位远不如他们的人所超越了，而那些赶超他们的人在出发时往往从未想到自己能超过这些装备如此精良的人。那么，这是为什么呢？个人意志力的差异解释了这一切。没有强大的意志力，即使有着最优秀的智力、最高深的教育和最有利的机会，那又有什么用呢？"

　　一千个人心中有一千个哈姆雷特，同样一千个人在沙漠中徒步，会有一千种不同的感受。而几乎所有来过沙漠的人，在出发前都经历过自身的抗拒和身边人的质疑，在旅途中也说过多少次"我再也不来了"，但当他们走出沙漠后，就都不会再这样说了。因为他们坚持了下来，使自己的耐力和意志力大幅提升，以前所认为的艰难困苦都已变得无足轻重。

● 咬牙坚持的沙漠徒步队伍

3 行进——不积跬步无以至千里

3.4 木桶理论：关注队伍里的最后一名

木桶理论由美国著名管理学家劳伦斯·彼得（Laurence Peter）提出，指一只木桶想盛满水，必须每块木板都一样平齐且无破损。如果这只桶的木板中有一块不齐或者某块木板下面有破洞，这只桶就无法盛满水。也就是说，一只木桶能盛多少水，并不取决于最长的那块木板，而是取决于最短的那块木板。

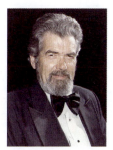
●劳伦斯·彼得

任何一个组织都可能面临着一个共同的问题，即构成组织的各个部分往往是优劣不齐的，而劣势部分往往决定整个组织的水平。沙漠徒步中，最怕两件事：第一走错方向，第二团队分裂。而团队分裂远比走错方向更严重。方向错了可以调整，团队分裂了，在极端条件下可能就是全军覆灭。

沙漠徒步时，无论出发时队伍多么整齐，随着时间和路程的变化，总会有一些体力较差、意志力较薄弱的队员落在后面，从而拉低整支队伍的行进速度。因此，体力较好的队员一定要记得你是在参加团队活动，不管自己如何厉害，也不能逞强好胜，而是必须留着多余的体力，帮助队伍后方的队员。对于团队活动而言，一个人走得太快没有任何价值，只有整个团队到达终点才是圆满。

在行进过程中，队员之间要相互协助，尤其要格外关注队伍里的最后一名。每位队员都要保证自己随时在其他队员的视线之内，绝对禁止出现个别队员离开其他队员视线的情况发生（如厕时要等待队员出现后再行进），尤其是遇到其他大队伍的时候要格外注意清点人数。

企业管理同样如此。一家企业要想成为一个结实耐用的木桶，首先要想方设法提高所有板子的长度。只有让所有的板子都维持"足够高"的高度，才能充分体现团队精神，完全发挥团队的作用。在这个充满竞争的年代，越来越多的管理者意识到，只要组织里有一个员工的能力很弱，就足以影响整个组织达成预期的目标。而要想提高每个员工的竞争力，并将他们的力量有效地凝聚起来，最好的办法就是对员工进行教育和培训。企业培训是一项有意义而又实实在在的工作，许多著名企业都很重视对员工的培训。

员工培训实质上就是通过培训来增大这一个个"木桶"的容量，增强企业的总体实力。而要想提升企业的整体绩效，除了对所有员工进行培训外，更要注重对"短木板"（非明星员工）的开发。

3 行进——不积跬步无以至千里

在实际工作中,管理者往往更注重对"明星员工"的利用,而忽视对一般员工的利用和开发。如果企业将过多的精力关注于"明星员工",而忽略了占公司多数的一般员工,会打击团队士气,从而使"明星员工"的才能与团队合作两者间失去平衡。而且实践证明,"明星员工"很难服从团队的决定。"明星"之所以是"明星",是因为他们觉得自己和其他人的起点不同,他们需要的是不断提高标准,挑战自己。所以,虽然"明星员工"的光芒很容易看见,但占公司人数绝大多数的"非明星员工"也需要鼓励。三个臭皮匠,顶个诸葛亮。对"非明星员工"激励得好,效果可以大大胜过对"明星员工"的激励。

● 互帮互助在沙漠徒步时尤为可贵

沙漠生存铁律：华盛顿合作定律

沙漠场景

在沙漠中，寻找和储存水源是一项事关团队生死存亡的工作。为了提高发现水源的概率，以及收集淡水的效率，团队往往会同时派出多名队员执行这项任务。然而，人数的增加并不能显著提高任务的完成效果，甚至还不如一个人取得的水量。这种情况多少有点类似于"三个和尚"的故事。

商业案例

任何一个企业，不管是分工合作，还是职位升迁，抑或利益分配；不论其出发点何其纯洁、公正，都会因为某些人的"主观因素"而变得扑朔迷离、纠缠不清。随着这些"主观因素"的渐渐蔓延，原本简单的上下级关系、同事关系都会变得复杂起来，办公室似乎每天都进行着一场场没有硝烟的较量。这就是"办公室政治"。

甲今天说了几句不该说的话让乙很没面子，下次乙找个机会打甲的小报告，却被甲的朋友丙听见了，丙在工作中就故意使绊子，这样又无意中损害了丁的利益——这个打结的线团会越缠越大。办公室政治是引起内耗的主要原因，也是华盛顿合作定律的最直接表现。

3 行进——不积跬步无以至千里

定律阐释

在现代社会，没有人可以单枪匹马闯天下，合作是每一个人都必须学会的一项技能。但合作的结果不一定是双赢，如果每个人都劲儿往一处使，最后就会产生出大于每个人的力量的结果；反之，如果敷衍了事，不负责任，互相推诿，就会导致一事无成，甚至造成一些不必要的损失。这就像装在篓里的螃蟹一样，这些螃蟹之所以没有一只能够逃得性命，就是因为它们总是窝里斗，看不得他人出头。这就是华盛顿合作定律。

通过华盛顿合作定律我们可以看到，人与人的合作不是人力的简单相加，而是要复杂和微妙得多。在人与人的合作中，假定每个人的能力都为1，那么10个人的合作结果有时比10大得多，有时甚至比1还要小。因为人不是静止的动物，而更像方向各异的能量，相互推动时自然事半功倍，相互抵触时则一事无成。传统的管理理论对合作研究得并不多，最直观的反映就是，目前的大多数管理制度和行业都致力于减少人力的无谓消耗，而非利用组织提高人的效能。换言之，不妨说管理的主要目的不是让每个人做到最好，而是避免内耗过多。

华盛顿合作定律影响了群体关系，降低了组织效能。破解华盛顿合作定律，必须明确成员分工，落实成员责任，以降低旁观者效应；采用激励机制，实行目标管理，以避免社会惰化作用；注重素质结构，重视组织沟通，以减少组织内耗现象。

3.5　补短板：如何获取生存物资

3.5.1　获取淡水

（1）寻找新的水源

在沙漠中，炎热、干旱对探险者来说是第一大杀手，沙漠探险遇难大都是缺水中暑所致。在沙漠中一旦迷失方向，在走出困境之前，一定要保证有足够的、干净的水喝，不然生存下来的希望很渺茫。在沙漠寻找水源是困难的，它受人的体力、知识、经验、所处地理位置的制约，多数遇险者没有找到过水源。以下是在沙漠中补充水分的一些实用技巧。

①沙漠中大量的水，其实就在空气中。沙漠昼夜温差很大，你只要在太阳下山前，挖一个直径至少90厘米的沙坑，在坑中央放一个清洁的容器。如附近有树叶或灌木，可采来散放在坑内，以增加水的收集量。用一块塑料布盖着坑口，用石头、沙子或其他重物压紧坑缘。在塑料布中央放一块小石头，使塑料布成一倒置圆锥体。使塑料布的最低点正好在容器上方，但不可碰到容器。水会凝结在塑料布向着坑的一面，然后滴到容器内。如有胶管，可把一端放在容器内，另一端伸出坑

外。这样就能用管吸水,不必移动蒸馏器。这种方法虽不可能得到大量的水,但可解燃眉之急,方法简单,随时随地可用,不妨一试。

• 太阳能蒸馏器示意图

②在沙漠中,地表是没有水的,大部分地区也很难挖出水来。但沙漠大都是盆地,里面也有很多季节性河道。如果发现了茂密的芦苇,就意味着在地下1米多深的地方能挖出水来;如果看到芨芨草,在地下2米左右就能挖出水来;如果看到红柳和骆驼刺,在地下6~8米就能挖出水来;如果发现胡杨林,则意味着地下8~10米的地方有地下水。

③仔细观察当前地形,如果看到有一面低呈簸箕形或者四面高中间低的地区,在低洼处可能会找到水源。如果遇到干涸的河床,可以在两山夹一沟的河床或者河道转弯处外侧的最低点进行挖掘,如果往下挖发现潮湿的沙子,说明离地下的水源不远了。

④在沙漠中偶尔会遇到一些废弃的牛羊圈或者房子,说明此处曾经有人居住,沿着四周寻找可能会发现水源。需要注意的是,沙漠中的水源大都是盐碱水。这种水的矿物质含量一般

都超过了 0.15%，这些矿物质的主要成分有钙、镁、钾等阳离子和氯化物、硫酸根、重碳酸根、碳酸根等阴离子。矿物质含量大于 0.6% 的盐碱水未经过处理不能饮用，否则会引起人体组织脱水，还可造成胃呕吐。因此，必须用蒸馏等方法处理。

⑤跟着动物找水。在傍晚或者早上的时候，如果看到有小动物或者飞鸟经过，可以跟踪它们，这样也有可能找到水源。如果看到鸟群在沙漠上方盘旋，说明鸟群的下方极大可能有水。需要注意的是，碰上大型动物，不可盲目跟随。虽然骆驼对水源很敏感，但它是耐饥渴的动物，可以多日不吃不喝，活动范围很大，如果你跟着它走，你可能会比它先死。

⑥植物不能乱吃。沙漠里的植物稀少，而且许多植物都含有毒素，人体无法适应。另外，由于沙漠自身环境气候，可食用的植物根部往往都在地下 5 米处，挖开这些沙子，会出很多汗，往往能获取的植物水分还抵不过你出的汗。除非能辨认出哪种植物是可食用的，哪种是不可食用的，否则你就全部都不能食用。只要吃错一次，你的处境就会更糟。

⑦不要放过任何看到的小动物、昆虫，它们是重要的水和食物补充。在沙漠中，很容易找到一些小生物，如蜥蜴、蜘蛛、蝎子等。即使它们有毒，也可以用棍子或者小刀按住它们，把带毒的部位（蜘蛛头、蝎尾）去掉，就可以直接入口。在沙漠中，很难看到一些可食用的植物，却很容易发现这些小

3 行进——不积跬步无以至千里

●沙漠中的蜥蜴

生物,它们是沙漠中补水的重要一环,看到任何石头都不要放过,用棍子一翻,说不定里面就有一只蜥蜴或者蝎子。

(2)延缓水分流失

在寻找水源的同时,还应该最大限度地减少身体脱水状况,以维持体液平衡。因此,了解人体的水分流失规律,有助于我们主动控制水分流失量。

水分的流失是人体正常的代谢情况,多喝多排,少喝少排,不喝也要排。只要人活着,有血液循环,水分就会不断流失,人就需要不断补水。在温暖的气候条件下,一个人每天至少要喝2.5升的水。即使体力活动十分有限,也仍然需要通过一定方式来补充液体的损失。人体的水分损失途径主要有以下几个方面。

①尿液排出。肾主水液,是人体保持水平衡的主要器官。人体内主要溶质的排泄取决于肾脏,但水的摄取量过多时,肾脏就会排出多余的水分;当水供给不足时,又有助于保存水分。肾脏还是人体重要的排泄器官,肾脏溶质负荷需要一定的水分以尿液的形式排泄掉。因此,人体的最低尿量所需要的水量取决于溶质负荷量和肾脏对尿的浓缩能力。正常的成年人,身体的最小排尿量约为每天500毫升。

②出汗和隐性水分流失。当人体处于高温或者高强度的体力负荷下,汗液的蒸发就是机体散热的主要方式,以此来维持人体的正常体温。因此,炎热的夏季往往要大量补水。此外,人体内的水分还会通过皮肤蒸发或呼吸而排出体外。研究发现,即便是在恒定的温度和湿度环境下,人体的皮肤表面和呼吸也会随着身体代谢产热而流失水分,这就是隐性失水。正常的成年人每天的隐性失水约400毫升。

③粪便水流失。粪便的含水量为40%~70%之间,按每人每天排便一次计算,正常的成年人通过排便而造成的水分流失大约100毫升。

除正常流失外,还有一些特殊情况会导致人体对水的需求量进一步增加,具体包括:暴露于高温环境,就有可能通过排汗每小时损失大约4000毫升的水分;剧烈的运动会增加呼吸频率，并且提高汗液的排出量；在沙漠的夜间，空气中的水汽将会减少，温度也会随之下降，在这种条件下用肺部呼吸就会损失更多的水分；晒伤烫伤会破坏皮肤的外表层以及水分扩散的载体，从而加剧水分的损失；生病后发生呕吐或者腹泻，也会损失大量的水分。

（3）维持体液平衡的方法

因此，要维持体液平衡，重点应从以下几个方面入手。

①在水源充足的情况下，应尽量多饮水，以保持体内有较多的存水量。这样一旦出现断水的困境，可以赢得延长生命的时间。

②在水源不足的情况下，要合理科学地饮水。正确的喝水方法是少喝、勤喝。每次喝水只喝一两口，在口中含一会儿水，再分两次慢慢咽下。每升水的饮用时间至少要在5小时以上。这样的喝水方法，既可使身体将喝下去的水充分吸收，又可解决口干舌燥的问题。从生理学的意义上讲，就是既不会让体内严重缺水，又不会排出多余的水分。

③尽量在早晚较凉爽的时候行走，避开中午高温时段，以减少体内水分的消耗。

④避免太阳光直射。活动和休息尽量在阴凉的场所进行，不要躺在温度较高或者被太阳照射过的地面，以减少水分的蒸发。

⑤控制烟、酒。吸烟和喝酒都会使器官消耗水分,尤其是喝酒,要消耗大量的水分,因此,在断水的情况下,烟、酒必须严加控制,以减少体液的消耗。

⑥稳定情绪。心理稳定,镇定自若可以减少器官水分的消耗;相反,紧张和烦躁则会增加水分消耗。因此,要注意调整自己的心理状态,稳定情绪,同时注意休息,尽量将活动量减至最低程度。

⑦合理进食。如果身体得不到水分补充,体液会从要害器官转移以便消化食物,这样会加速脱水。脂肪很难消化,需要大量水分。因此,在不得不将饮水量限制在每天一升以下的情况下,要尽量避免食用肉食、干燥、高淀粉的食品或味道过

• 在烈日下行走会加速流失水分

浓过重的食品。多吃碳水化合物含量高的食品，如糖类、谷物（水稻、小麦、玉米、大麦、高粱等）、水果（如甘蔗、甜瓜、香蕉、葡萄等）。

⑧尽可能多休息，少说话。呼吸时应当用鼻子呼吸，不要用嘴来呼吸。

在沙漠中获取和控制饮用水，与企业流动资金的掌控有着异曲同工之妙。对于沙漠徒步者来说，饮用水是维持生命的珍贵资源，而对于企业来说，流动资金就好比血液一样，它的流动和运动，反映在企业生产经营的各个环节。管好用活流动资金，加速流动资金周转，是企业生存和发展的需要。

一般来说，加强流动资金管理应从以下几个方面着手。

①进一步提高认识。企业的经营管理者必须强化资金效益观念，充分认识到管好用活流动资金，最大限度地增加资金周转次数，是取得较好经济效益的有效途径。进而充分发挥企业生产经营中各环节的主观能动性，不断改进生产技术和改善供销工作，切实加强资金使用管理，在保证生产计划正常进行的前提下，合理地储备各种生产资料，以减少物资材料及产成品的积压和损失浪费，节约成本费用支出，加速资金周转。

②加强计划管理。企业应按照维持正常生产的最低需要核定各部门流动资金定额，确定符合实际的流动资金占用额和周转率指标，

并通过经济、行政等各种有效措施，确保流动资金周转率的完成。

③完善约束机制。要通过健全和完善企业内部控制制度，切实做到把市场需求和企业生产经营计划有机地结合起来，合理采购供应物资，确保产品生产和销售各环节的正常运转，既要防止由于市场供求矛盾突出给企业生产经营带来的影响，又要避免盲目采购造成库存物资积压。

④实行经济责任制。将流动资金管理的责任目标和定额、周转率等指标，逐级分解落实到各业务部门，使其明确各自在流动资金管理方面的职责、职权范围，并制定出切合实际的考核和奖励办法。从而改变流动资金管理只是财务部门唱独角戏的状况，真正使广大职工特别是各生产经营部门的职工认识到，在市场经济条件下，企业生产和经营活动必须以一定数量的资金为前提，从而树立资金观念、利息观念和效益观念，人人关心过问资金收、支、存情况，人人为流动资金的管理和使用献计献策。

⑤搞好协作配合。企业财会物资部门要与各业务部门通力合作，共同管好用活流动资金。尤其是管钱、物的部门之间的协作配合尤为重要，不能你种你的田，我耕我的地。要改变过去物资部门只重实物，不过问资金，而财务部门只过问资金，对物资材料采供心中无底的状况。应通过资金管理形成纽带，把两个部门拧在一起，使之意识到自己承担的双重责任，在各自工作中相互通气，相互促进，密切配合。

3.5.2 获取食物

人体需要食物提供热能和营养，无论生长、生殖还是伤病恢复都需要食物所提供的、经消化系统消化吸收的生成新组织的原料。健康的人利用自身储存在组织中的营养可以存活一段时间，但是缺少食物很难保证体温不会下降，很难保证过度劳累或者伤病时身体状况得到完全的恢复。幸运的是，人类是广谱型的杂食性动物，几乎所有无毒的动物和植物都可以食用。

沙漠徒步时，一旦无法正常获得后勤补给，就必须在自然界寻找可食用的植物和动物。虽然沙漠环境恶劣，植被稀少，但也并非不毛之地。以塔克拉玛干沙漠为例，其腹地的流沙地带就发现有植物 10 多种，动物 37 种，在该沙漠边缘地带记录了 48 种动物。

我国沙漠地区主要的可食用植物包括沙枣、沙拐枣、沙蓬、小根蒜、肉苁蓉、锁阳等。此外，还有仙人掌科植物，既可充饥，又可补充部分水量。

沙枣，生长于沙漠边缘、固定或半固定沙地上。为落叶乔木或灌木。叶长圆形，茎部楔形至圆形。叶柄长 4~12 毫米，银白色。

沙拐枣，又名头发草，生于沙丘、戈壁、干河床、山前沙砾地。它是一种灌木，枝曲折，叶不明显，花簇生。果圆球或卵圆形，直径约 14 毫米，有多数分歧的刺。沙拐枣营养丰富，

• 沙拐枣

可生食。

沙蓬,别名沙米,生于流沙地。为一年生草本植物,高约30～40厘米。茎从底部分枝,为圆柱形,有棱角条纹,叶狭披针形。果实呈圆形,上部边缘略具翅缘。

小根蒜,又名野蒜、小蒜。生于山坡、固定沙地。为多年生草本植物。地下鳞茎近似球形,外有白色鳞被,柱高10～13厘米。叶绒形而柔软,叶片簇生。

肉苁蓉,又名松蓉、苁蓉。寄生在沙漠梭梭树上。为多年生的寄生草本植物。高30～100厘米。茎肉质,单一,圆柱形,黄色。果卵形,褐色。

锁阳,又名锁药。生于白刺沙堆、固定沙地、盐渍化的沙漠及复沙戈壁上。寄生在各种白刺根上。为一年生寄生植物,高20～60厘米。茎肉质,圆柱形,无叶绿素,黑紫红色,下部藏埋于土中。

沙漠中的野生动物大部分可以食用。我国沙漠中常见的可食用动物有黄羊、野驴、野猪、马鹿、野兔、野鸡、老鼠、狼、狐狸、野生双峰驼等。必须注意的是,只有在饮水供应充足情况下,才可进行捕捉动物和采集食用植物的活动,因为这要消耗大量的体力。在缺水时,则应避免进行狩猎与采集活动,而且也不宜多吃食物。食物也应以糖类为主。

此外,不要单一依赖最易获取的食物。对于长期生存者来说,饮食中营养成分均衡是至关重要的。如果露营于野兔过度繁殖的地带,可能导致人死亡的不是恶劣的外部环境,而是某种因长期食用兔肉导致的营养缺陷综合征。饮食种类必须多样化,以提供合理均衡的营养比例,同时还能保证日常生理活动所需消耗的能量。其中必须包括的营养成分有蛋白质、碳水化合物、脂肪、矿物质和其他微量元素,以及维生素等。

• 沙漠中的常见动物

在沙漠中寻找食物必须广泛尝试，而企业要想做大做强也必须开拓视野。人的学识、品德与胸怀都与他的视野大小密不可分，而一个企业的长远发展，更是需要管理者的开阔视野给予引导。

现代企业管理发展到今天，踏上了以战略为中心的阶段，企业当前的经营必须服从企业的长期战略规划。企业长远的发展规划是当前经营的目标，就好像高中三年学习就是为了参加高考一样。企业也可以漫无目的地去经营，但是因为缺乏长远的发展规划，企业就无法有效地应对突发情况，可能会错失良机，止步不前，甚至有倒闭的风险。

作为管理者，必须思考企业目前的经营状况能否使企业保持稳定的持续增长，具备应对突发状况的系统能力，具备国际化的运作水准，形成有效的服务模式等问题。而思考这些问题的结果就是当前企业应当采取的措施，是企业具体应当去落实的任务。管理者如果想要开拓自己的视野，不妨试试去考察先进企业，参加一些培训、会议、讨论等，参考他人的见解，同时注意自己总结创新。

3.5.3 补充盐分

盐不仅是人类膳食中不可缺少的调味品，而且是人体中不可缺少的物质成分。从生理角度看，盐对维持人体健康有着重要意义：盐在维持细胞外液的渗透压方面起着重要作用，影响

3 行进——不积跬步无以至千里

着人体内水的动向；盐参与人体内酸碱平衡的调节，并参与胃酸的生成；盐在维持神经和肌肉的正常兴奋性上也有作用。

人体对盐的需求量一般为每人每天 6 克左右，盐分摄入过少或过多都不利于健康。如果人体长期缺盐，会导致低钠血症，引起疲惫乏力、恶心呕吐、头晕目眩、肌肉痉挛等症状。人体在极度缺盐时，可能会发生昏厥。

如果在沙漠中与队伍走散，短期内可以不用考虑盐分摄入的问题，但如果长期得不到救援，或者需要较长时间养伤，便必须有意识地为自己补充盐分。要知道，人体出汗和排尿都会带走盐分，所以所处地区的温度越高，盐分的损失就会越多。另外，一些求生行动和长途跋涉也会增加对盐的损耗。只有定期在食物中添加一定的盐分，才能确保自己不会因缺盐而虚弱。

如果没有随身携带食盐，便需要在野外自制食盐。如果能在沙漠中找到盐碱地，可将地里的盐用水溶解，然后取上层盐水晒干，或者用火烘干，最后取得的结晶物可以食用。

如果直接找盐很困难，可以尝试一些间接获取盐分的方法。动物血液中含有盐分和多种矿物质，在任何时候都不要随便抛弃。如果无法狩猎中大型动物，可以选择捕捉野兔、老鼠、蛇等小动物。有些植物也含有盐分，如碱蓬、盐爪爪等。

在找不到盐分补充的情况下，可以考虑提取自己身上的

变革——沙漠徒步与企业生存管理法则

● 碱蓬

盐分。人体每天都会通过汗水、尿液和粪便等排出盐分，虽然能够提取出来的盐分较少，但也不失为一个应急方法。汗水一般都会吸附在贴身衣物上，形成一层盐渍，这层盐渍暴晒之后用清水浸湿衣物，将拧下来的水放进容器，进行沉淀并加热蒸发，剩下最后一点的时候就是含有微量盐分的水。

在盐分短缺的时候，一方面要努力寻找盐分来源，另一方面要尽量避免剧烈运动，以免流汗后盐分大量流失。另外，要尽量避免在高温时段行走。

3 行进——不积跬步无以至千里

沙漠生存铁律：破窗效应

沙漠场景

在沙漠中，我们很有可能遇到饮用水不足的情况，如果这时候找不到新的水源，就必须对剩下的饮用水进行科学管理，严格控制每个人的饮水时间和数量，只有这样才能有效延长团队的生存时间。管理饮用水的人必须严格自律，不能以权谋私，或者纵容朋友打乱饮水规则，否则就会让整个团队陷入混乱，最终导致救命的水被哄抢一空。

商业案例

有一家百余人的本土企业，公司规定上班时间必须配带工牌。制度上规定如果发现不带工牌，每次罚款20元。最初一两个员工没有照做，但管理层并没有引起重视，没有严格执行该项规定。一个月以后，不带工牌的员工由最初的一两个，发展到几乎50%的员工都不带工牌。员工对此事抱着可有可无的态度，管理层并没有令行禁止反而一再纵容，严重影响公司士气和员工的精神面貌。

定律阐释

破窗效应是犯罪学的一个理论，由詹姆士·威尔逊及乔治·凯林提出。该理论认为环境中的不良现象如果被放任存在，会诱使人们仿效，甚至变本加厉。以一幢有少许破窗的建筑为例，如果那些窗不被修理好，可能将会有破坏者破坏更多的窗户。最终他们甚至会闯入建筑内，如果发现无人居住，也许就在那里定居或者纵火。一面墙，如果出现一些涂鸦没有被清洗掉，很快地，墙上就布满了乱七八糟、不堪入目的东西；如果一条人行道有些许纸屑，不久后就会有更多垃圾，最终人们会理所当然地将垃圾顺手丢弃在地上。这个现象就是犯罪心理学中的破窗效应。

从破窗效应中我们可以得到这样一个道理：任何一种不良现象的存在，都在传递着一种信息，这种信息会导致不良现象的无限扩展，同时必须高度警觉那些看起来是偶然的、个别的、轻微的"过错"，如果对这种行为不闻不问、熟视无睹、反应迟钝或纠正不力，就会纵容更多的人"去打烂更多的窗户玻璃"，就极有可能演变成"千里之堤，溃于蚁穴"的恶果。

在公司管理中遇到的小奸小恶行为，管理者要引起充分的重视，适当的时候要"小题大做"，这样才能防止有人效仿，积重难返。特别是对违犯公司核心理念的行为要严肃查处，绝不姑息养奸。与此同时，公司要鼓励、奖励"补窗"行为。不以"破窗"为理由而同流合污，反以"补窗"为善举而亡羊补牢，这体现了员工高尚的道德情操和自觉的成本意识。公司要提倡这种善举，通过表扬、奖励措施使之发扬光大。

沙漠心语：没有比鞋更远的路，没有比意志更高的山

不积跬步，无以至千里；不积小流，无以成江海。

坚持是我在这趟沙漠徒步中最大的挑战，同时也是最大的收获。

徒步沙漠固然是对身心的一场不小的考验，不论苦与累，绝不言弃成为大漠中最难能可贵的一种精神，也正是秉承这样坚持不懈的精神，才能带领着融创高科稳步向前。

大漠商学院 2017 届 8 班

融创高科（中国）私董会联合创始人

秦澜榕

沙漠之旅在一般人眼里要徒步穿越几天几夜的时间，六七十公里，确实非常辛苦，很多人听后就望而却步。但是对我们企业家来讲，其实沙漠里的这些苦真的不值得一提，做企业的过程中你要经历很多的酸甜苦辣以及更多的挑战。对于一个企业家，走一走沙漠对自己来说是一种释放，更是对自己意志力的一种考验。

大漠商学院 2017 届 1 班、2017 届 3 班

河南康寿源生物科技有限公司董事长

王晓辉

在一望无际的沙海中，一小抹绿显得那么的珍惜，更令人惊奇的是，露在表面区区几公分的小苗，地下的根系居然长达数十公分，这不得不让人为它顽强的生命力点赞！

我不由得想到，一个企业要在商海中站稳，不也得像这棵小苗一样，向下扎根得越深，才能支持向上长得更高更旺吗？

这次整个行程的体验、一次次的分享和建言，不就是大鹏在打磨产品的过程吗？不就是向下扎根的过程吗？

大漠商学院 2018 届 8 班
大象商学院院长
林建红

这次挑战下来也确实收获很多，原来也想过这个应该会比较难，但没想到这么难，不过在走的过程中依然坚持下来了。

沙漠徒步，如同企业创业，希望在希望之前是荒芜的，沙漠在沙漠之后是希望。

大漠商学院 2018 届 12 班
河南清大教育科技股份有限公司董事长
杨宏鹏

3 行进——不积跬步无以至千里

我觉得三个要素是相通的。第一个是梦想,每个人都有一个心中的沙漠,都有一个远方。第二个是挑战,尤其是创业这块,其实都面临一个极大的挑战,5天4晚的行程,对于体力、意志、精神等很多方面都是挑战。第三是修行,实际上对人精神的提升、视野、格局都有很大的区别。

大漠商学院 2017 届 5 班
览众资本、墨非资本创始合伙人
于波

创业就像徒步。

沙漠行走,我们会翻过一座又一座的山丘,你可能会遇到很多未知的困难。在这个过程中只有积极地往前走,不断去磨炼自己,永远不放弃,才能达到目的。无论徒步者也好,创业者也好,当突破自己原本设定的一个限制的时候,远来不可能的事情他做到了,他的信心就会增加。创业就是这样,永远不要放弃,要积极地去争取。

大漠商学院 2018 届 5 班
北京创业投资协会秘书长
杨林松

一趟沙漠之行，对大家而言都是一场死去活来的过程。大家在做公司的过程中，都有自己的目标，也会遇到很多困难，但是"活在希望之中"，大家一起坚持下去就会看到美好的希望。

　　坚持的过程很艰难，一路行来，坚持下来的人会越来越少，但能坚持下来的人，抗风险的能力就会越来越强。

大漠商学院2017届7班
郑州九鼎装饰有限公司董事长
徐本召

　　我根本没想到我的女儿在小小年纪竟能坚持走下来，虽说中间也有哭闹耍赖不要走的情况，几度自己都要放弃同意让她坐保障车，但女儿却以想不到的毅力坚持走下来，让我对女儿有了新的认知：人的潜力确实是无限的。

　　无论领先或者落后都要坚持不懈，耐得住寂寞与孤独，走完这段心路历程，生活中你可能会有全新的认知。

大漠商学院2017届8班、2018届1班、2018届10班
河南一百度科技有限公司董事长
刘向阳

4

抵达——既是结束亦是开始

如果将沙漠徒步的每个营地看作团队每个阶段达到的目标，那么当目标达到之后，该如何休整、如何奖励以及如何再次出发都是我们需要考量的。每个终点实际上就是起跑线，生命不止，前进不止。

沙漠生存铁律：帕金森定律

沙漠场景

要想在凶险的沙漠中生存下来，密切的团队合作是必不可少的一环。有了团队，就必须选出团队领导者，否则团队就只是一盘散沙。一位优秀的领导者，可以调动团队成员的所有资源和才智，大大提升团队的行动效率。但一位不称职的领导者，也可能让整个团队陷入非常不利的境地。一个平庸的领导者，往往会选择几位更平庸的人来当他的助手，这样就形成了一个互相推诿、效率低下的领导体系。而这样的领导体系，在需要队员密切合作、配合默契的沙漠生存中无疑是致命的。

商业案例

机构臃肿、效率低下的领导体系会让沙漠生存团队身陷险境，也会让企业陷入万劫不复的深渊。例如，20世纪90年代，格兰仕集团创始人梁庆德运筹帷幄微波炉市场，面对巨大的竞争对手惠而浦（中国）公司（当时最大的白色家电生产商，上海岘华公司的合作方），以一周一次大型促销的方式，极端的价格战略，使岘华公司毫无招架之力——因为当时岘华公司的促销从报批到落实需要2～3个月的时间。此战告捷，格兰仕集团便踏上了世界

4 抵达——既是结束亦是开始

微波炉大王的大道。

岘华公司的失败说明了这样一个道理：不称职的行政首长一旦占据领导岗位，庞杂的机构和过多的冗杂便不可避免，庸人占据着高位的现象也不可避免，整个行政管理系统就会形成恶性膨胀，陷入难以自拔的泥潭。这其实就是"帕金森定律"。

定律阐释

帕金森定律是官僚主义或官僚主义现象的一种别称，被称为20世纪西方文化三大发现之一。该定律也可称之为"官场病""组织麻痹病"或者"大企业病"，源于英国著名历史学家诺斯古德·帕金森于1958年出版的《帕金森定律》一书的标题。

帕金森在书中阐述了机构人员膨胀的原因及后果。一个不称职的官员，可能有三条出路：第一是申请退职，把位子让给能干的人；第二是让一位能干的人来协助自己工作；第三是任用两个水平比自己更低的人当助手。这第一条路是万万走不得的，因为那样会丧失许多权力；第二条路也不能走，因为那个能干的人会成为自己的对手；看来只有第三条路最适宜。于是，两个平庸的助手分担了他的工作，他自己则高高在上发号施令，他们不会对自己的权力构成威胁。两个助手既然无能，他们就上行下效，再为自己找两个更加无能的助手。如此类推，就形成了一个机构臃肿、人浮于事、相互扯皮、效率低下的领导体系。帕金森得出结论：在行政管理中，行政机构会像金字塔一样不断增多，行政人员会不断膨胀，每个人都很忙，但组织效率越来越低下。这条定律又被称为"金字塔上升"现象。

要想解决帕金森定律的症结，必须把管理单位的用人权放在一个公正、公开、平等、科学、合理的用人制度上，不受人为因素的干扰。最需要注意的，是不将用人权放在不守规则、以权谋私的人手里，问题才能得到解决。

4.1　搭设露营帐篷

在沙漠中露营，首先要决定好搭设帐篷的地点，依照顺序，由4人共同作业，不需花费多少时间，即可设好。为考虑帐篷撤收时的状况，把最初搭配的情况记下，会比较方便。

帐篷有各种不同的种类，同时也有不同的制作、搭配设计和组合方式。小型帐篷、A型帐篷、墙壁型帐篷是使用缆绳搭设的"搭设帐篷"，而弹头型帐篷和小屋型帐篷，则是属于"组合帐篷"。在各类帐篷中，墙壁型帐篷是从古至今使用最广

4 抵达——既是结束亦是开始

泛的一种,其搭设方法如下。

①地点的决定。在考虑风向及地形后,选择一个平坦之地。一般来说,沙漠露营的营地尽量选在背风处,往往是在沙丘之中的平地上,尤其是夏季。营地不宜扎在红柳、胡杨树等植物附近,因为在有植物的地方,往往寄生着一些有毒的虫子,如在塔克拉玛干沙漠中,有一种塔里木蜱,通常生活在红柳和胡杨树下,这种蜱虫携带一种病毒,人一旦被咬,往往会引发一种致命疾病(塔里木出血热),在十几小时内死亡。

②帐篷用具的检查。将袋中收藏的用品倒出,逐一检查各部分零件。为了撤收帐篷时的方便和不遗漏东西,应先予以记录。

③铺设地面垫。地面垫铺好后,用钉子将四个角固定。若

• 在迎风处露营并不明智

在湿气多的地方，要先铺上防潮垫。

④竖起支柱，拉开主绳。将支柱下方穿入地面垫两端的孔中，同时，支柱上部的尖端，穿入布幕栋柱两柱的孔中，将左右主绳拉起，避免左右倾斜。这样，帐篷的主体外形就形成了。

⑤调整主绳，拉起角绳、腰绳。以附于主绳的支绳，调整帐篷的形状，将两根支柱垂直立于地面。其次，以支绳调整角绳、腰绳，使帐篷的形态出现。

⑥固定墙壁。将帐篷底布、地面垫及墙壁下部连接起来。

以上为墙壁型帐篷的搭设顺序，4人分工合作，在操作熟练的情况下，约10～15分钟可以完成。

通常，为减少风雨及暴晒、严寒的影响，都会再加上屋顶盖。在步骤④中，将支柱插入栋柱两端的孔时，先加上屋顶盖，再把主绳拉上，主绳以钉子固定后，以屋顶之栋的端点为顶点，形成等边三角形之两边，将底边之长，拉成与支柱相等的长度。从屋顶正上方看，角绳应在对角线的延长线上，腰绳则与角绳并排成一直线。

因为沙漠里会有越野车夜晚穿越，所以一定要配置明亮的营地灯，或者在附近插入高高的旗杆，防止越野车翻越沙丘后，因看不到营地而造成事故。

在冬季，沙漠里通常没有大风，也没有咬人的毒虫，露营地点的选择也比较随意。冬季的夜晚非常寒冷，即使用双层帐

4 抵达——既是结束亦是开始

篷,帐内也会结很厚的霜。在沙漠中有许多枯死的树木,在最寒冷季节也可自己动手打造"火炕",也就是挖一席之地,在上面烧火,然后用沙子掩埋,人睡在烧热的沙子上。

几位队员齐心协力搭设露营帐篷,其实是团队凝聚力的重要体现。中国有句古话"一个篱笆三个桩,一个好汉三个帮",还有一句话是"三个臭皮匠,顶个诸葛亮"。说明集体的力量是无穷的。不管什么时候,一个人的力量总是有限的,但依靠集体的力量所能发挥出的能量却是超乎想象的,而其中起关键作用的就是团队凝聚力。正如国内知名学者李慧波在《团队精神》一书中所说的"一个人没有团队精神将难成大事,一个企业如果没有团队精神将成为一盘散沙,一个民族如果没有团队精神也将难以强大。"

• 搭设完成的露营帐篷

企业的凝聚力，是指企业及其行为对员工产生的吸引力的程度。企业凝聚力不可以被赋予，只能自己去提炼。

第一，要增强企业文化，树立企业形象。企业文化具有促使企业和谐一致，培养员工归属感的凝聚作用。不同的企业有不同的文化背景基础，不同的地域，不同的文化背景，有价值的企业文化将对企业的发展产生积极作用。不同的企业有不同的生存方式，不同的生存方式造就不同的企业文化，而适合的企业文化则成就企业的发展与壮大。企业文化作为一种无形的资产长期存在于企业中。

第二，要尊重员工，培养员工的主人翁意识。领导者要发展企业，壮大企业，不应该只凭一己之见，而应该广泛听取、搜集员工的意见，让他们积极参与。同时也可以让员工购买企业的股票，让员工成为企业的持股人之一，从而使他们感受到主人翁地位，更加增强工作的动力。员工是企业中举足轻重的伙伴，是企业发展不可缺少的力量。一个人的能力是不可限量的，当一个人得到激励以后，往往可以发挥出更加出乎意料的力量。员工的士气得到了鼓舞，凝聚力也随着这种鼓舞而逐步增强。

第三，薪酬是促进员工工作的原动力，是增强企业凝聚力必不可少的条件。稳定的收入才能更好地调动工作积极性，并且收入的多少从一个方面也体现了一个人的人生价值，是对于付出的回报，也是企业对于员工的认可。在收入的分配上如果采用平均主义，会造成员工的懒惰，从而造成员工士气低落，会使为企业

4 抵达——既是结束亦是开始

作出贡献的员工不满,人心涣散,降低凝聚力。因此,在收入的分配上应该实行"按劳分配",有合理的差距。当员工看到付出和回报成正比时,员工会对企业产生一种信任。这种信任有利于调动员工工作的积极性、主动性,增强企业凝聚力。

　　第四,个人发展是增强企业凝聚力不可缺少的环节。金钱的满足只是人的最低欲望,个人的发展则是它的升华。我们从马斯洛的需求层次理论可以知道,他把人的需求分为五个层次:生理的需求,安全的需求,社交的需求,尊重的需求,自我实现的需求。这五种需求层层递进。对一些人来讲自我实现的需求是工作的动力,一个企业如果能够为员工充分提供这么一个发展空间,使员工的才能得到充分发挥,他们对企业就会产生一种归属感、认同感,这种感觉越强,凝聚力也就越强。让员工参加各种技能

• 搭设完成的帐篷群

学习、出国培训等都可以激励员工，增强企业凝聚力。

第五，福利待遇是增强企业凝聚力的坚强后盾。良好的福利待遇是一个企业真正关心员工的体现。如果连最基本的医疗保险和养老金都得不到保障，会引起员工对企业经济实力的猜忌，从而降低工作效率；如果福利待遇得到了有效的保障，员工会对企业形成一种依赖和感激，这对于增强企业凝聚力起着重要作用。

4.2　寻找天然避身场所

如果你不幸与队伍走散，并且没有携带帐篷，那就需要寻找天然避身场所。在沙漠这样的极端环境下，寻找避身场所的重要性不亚于寻找食物和水源。避身场所可以保护你，使你免受阳光曝晒和风吹雨淋，免受昆虫侵扰和野兽袭击。更重要的是，避身场所还可以给你安全感，帮助你维持求生意志。

大自然中有许多天然的藏身之所，例如洞穴、岩石之间的裂缝、灌木丛中、小型的凹陷处、处于下风的山脚处的大岩石、树枝生得较矮的大树，以及枝叶浓密的倒下的树木。与其

4 抵达——既是结束亦是开始

他地区相比,沙漠中树木、岩石和洞穴都很少见,所以寻找和搭建天然避身场所的难度相对较大。

在沙漠中,如果没有天然的洞穴、岩间裂缝,除了要考虑搭建避身场所需要的时间和精力外,还要考虑需要的材料。你需要找一块凸出地面的岩石或者沙堆(也可以自己堆一个),利用你手头的可作为遮挡物的材料,如雨披、衣服、带有树叶的枝条,将材料的一端固定在岩石上面,可以用沙子或其他重物固定。然后,将材料伸展开来,另一端也固定好,使其能最大限度地遮挡阳光。这层材料可以使避身场所里面的温度降低4摄氏度左右。如果是在夜间,还要防范野兽,最好寻找与地面有一定夹角的岩石,下面的空间能够容进平躺的身体就可以,

• 低矮的灌木丛是很好的藏身之所

在岩石四周垒砌小的岩石、土块，将岩石下面的缝隙填满，这样才最为安全。

如果没有以上的条件，你可以尝试寻找"移动住房"。英国著名户外生存专家贝尔·格里尔斯就曾在沙漠中利用骆驼的尸体来过夜。沙漠里夜间的气温可以降到零摄氏度以下，保温将是头等大事。在没有洞穴和火堆的情况下，如果你身边刚好有一只大型哺乳动物的尸体，就可以利用起来。以骆驼为例，从腹部开口，将尸体的内脏掏空，尽量只留下皮囊。晾干，夜间将身体钻进去，就有保暖的效果。

在沙漠徒步过程中，避身场所的选择和搭建最重要的就是灵活应对，因地制宜。要能够利用大自然提供的各种材料去为自己创造利于生存的环境。

在商业上，同样存在天然避风港，比如为团队配置一些固定资产以应对金融风险。当公司现金流比较充沛的时候，可以根据公司的业务范围，收购一些比较有潜力的公司以增加公司未来的竞争力，或者购置办公场所等，都是不错的规避风险的方式。

沙漠生存铁律：马太效应

沙漠场景

要想更快更安全地走出沙漠，团队意识是非常重要的品质。只有每一位队员都具有强烈的团队意识，在前行过程中互相帮助、互相扶持，整支队伍才会始终保持良好的纪律和稳定的步调，从而高效地脱离困境。反之，如果队员缺乏团队意识，整支队伍就像一盘散沙，越走越混乱无序，直至溃不成军。

商业案例

微软公司在互联网时代的垄断地位为我们提供了一个很好地理解"马太效应"的事例。从 DOS 到 Windows 系统，微软公司一直掌握着个人电脑操作系统 90% 以上的市场份额，这为它积累了巨大的信誉。绝大多数硬件、软件开发商都不会另搞一套与微软"不兼容"的产品或系统，因为那无异于自掘坟墓。换句话说，微软公司可以不必考虑与别人兼容，而别人一定得考虑和微软兼容。而影响力不大的产品，即使性能再优秀，也享受不了这种待遇。

定律阐释

马太效应的名字来源于圣经《新约·马太福音》中的一则寓言：从前，一个国王要出门远行，临行前，交给3个仆人每人1锭银子，吩咐道："你们去做生意，等我回来时，再来见我。"国王回来时，第一个仆人说："主人，你交给我的1锭银子，我已赚了10锭。"于是，国王奖励他10座城邑。第二个仆人报告："主人，你给我的1锭银子，我已赚了5锭。"于是，国王奖励他5座城邑。第三仆人报告说："主人，你给我的1锭银子，我一直包在手帕里，怕丢失，一直没有拿出来。"于是，国王命令将第三个仆人的1锭银子赏给第一个仆人，说："凡是少的，就连他所有的，也要夺过来。凡是多的，还要给他，叫他多多益善。"

1968年，美国科学史研究者罗伯特·莫顿提出"马太效应"这个术语，用以概括一种社会心理现象："相对于那些不知名的研究者，声名显赫的科学家通常得到更多的声望；即使他们的成就是相似的，同样地，在一个项目上，声誉通常给予那些已经出名的研究者。"

罗伯特·莫顿归纳马太效应为：任何个体、群体或地区，在某一个方面（如金钱、名誉、地位等）获得成功和进步，就会产生一种积累优势，就会有更多的机会取得更大的成功和进步。此术语后为经济学界所借用，反映赢家通吃的经济学中收入分配不公的现象。

4 抵达——既是结束亦是开始

对企业经营发展而言，马太效应告诉我们，在激烈的市场竞争中，要想保持优势，必须加速发展，把事业做大做强。如果能在某个方面成为领跑者，即使回报率与别人相同，你也能更轻易地获取比弱小的竞争者更大的收益。而若没有实力迅速在某个领域保持超人的优势，就要不停地寻找新的发展领域，只有这样，才能保证获得较好的回报。需要记住的是，千万不能停止、等待、观望和固守，因为别人也许正在觊觎你手中的资源。

4.3　制作工具

4.3.1　应急工具

马克思主义认为，人类和动物的最大区别是人类能制造和使用工具。人类既没有动物的尖牙和利爪，也没有动物的力量和速度，所以在沙漠生存时不像动物那样自如。不过，人类可以通过制造和使用工具来弥补这一不足，提高自己在沙漠活动时的行动效率。如果你不幸与队伍走散，又没有携带沙漠生存装备，那么你就会寸步难行甚至面临生命危险，所以要学一些应急工具的制作方法。

（1）手杖

手杖的功能在于增加步行时的支撑面，以减缓下肢或是身体骨骼结构所必须承担的负荷。使用手杖时，可以减少下肢所承受的20%～25%的质量。在沙漠徒步时使用手杖，可以减轻腿部压力，节省体力，加快行走速度，更重要的是，可以保护膝关节，减轻其磨损。此外，因为有手杖的支撑，可以有效地维持身体平衡，使行走更安全。

在沙漠制作应急手杖时，应选择质地坚固的木料，同时要保证轻重合理、握持舒适，尤其是杖柄部位要打磨光滑，确保不会磨伤手心。最重要的是，要确定适合自己的手杖长度。对手杖使用者来说，掌握正确的持杖高度，对保持正确的站立和行走姿势，合理运用手杖的支撑力是非常重要的。手杖长度合适，使用起来得心应手，反之则事倍功半，多费力气，甚至引起损伤。

确定手杖合适长度的方法有两种：

①身体直立，以肘关节屈曲30度，腕关节背屈约30度的状态握住手杖，使手杖底端位于脚尖前方和外侧方直角距离各15厘米处的位置；

②身体直立，手杖高度与大转子（股骨颈与体连接处上外侧的方形隆起的地方）处于等高的位置。

4 抵达——既是结束亦是开始

（2）绳索

在日常生活中，绳索和细线是常见的工具之一，用途极为广泛。而在沙漠生存时，绳索更是生命安全的保护神，大到固定建筑材料、布设捕猎陷阱，小到制作灯芯、晾晒食物，均需要用到绳索。如果你找不到可以直接使用的现成绳索，便需要自己动手制作绳索。

制作绳索之前，首先要通过几项简单的测试来确定你选择的材料是否耐用。首先，沿着长度方向将其用力向上拉伸，以确定材料的强度是否足够。其次，用你的手指将其折弯并在指间捻一捻。如果这种动作并没有使它折断或损坏，便可以使用它来制作绳索。

纤维含量大且柔软的各种材料都可用来制作绳索。首先，要找到生长时间较长且茎干较长的植物，将其投放在水中浸泡24小时。然后，将浸泡好的植物铺在地面上，用光滑的石头进行捶打，使植物的茎部外表面呈撕裂状，里面就会显露出丰富的纤维。紧接着，要对纤维进行细心梳理，将肉质

● 使用麻纤维制作的绳索

除去，再悬挂在通风处直至完全干燥。最后，将晾干的纤维搓成长线，然后按照梳辫的方法，将其编成结实的绳索。

动物的筋腱和外皮也是制作绳索的天然材料。使用筋腱制作绳索的方法为：将大型动物的筋腱从体内取出来，彻底晾干。拍打干筋腱，使其分成纤维。弄湿纤维，将其绕成绳股，再将绳股编织在一起。由于湿润的筋腱具有黏性，干了以后会变得很结实，所以，在用筋腱捆扎小物品的时候，不需要再打结。

（3）背包

背包可以携带很多东西，并解放双手，保持身体平衡，使得行程更加安全舒适。与制作绳索相比，制作背包要容易得多，基本上所有的材料都能利用起来，例如植物纤维、布、木头、绳子、竹子、动物皮、帆布等。背包的制作方法也有很多，许多方法都十分精致，但在沙漠条件下，只能选择简单易行的方法，例如马蹄包和方形包。

马蹄包的制作方法非常简单，使用方法也很简单。它背起来比较舒适，很适合单肩背。马蹄包的具体制作方法如下。找一块正方形的材料，毯子、雨衣或帆布都可以，将其在地上平铺开来。将要装的物品放在材料的一边。把衬垫加在硬物品上，连同物品一起朝另一边卷起来，然后扎紧两头。用绳索绑好沿长度方向的其他部位。连接好一根绳索的两端，这样就可以把包背在肩上了。

4 抵达——既是结束亦是开始

与马蹄包一样，方形包也需要用到绳索。具体制作方法为：使用树枝、竹子或木棍做一个方形的框架，框架大小依具体情况而定，比如所装东西的多少、人的体型和身高等。框架做好后，使用绳索在框架的各面编织挡网，仅留下一面作为束口。

（4）保暖物

沙漠昼夜温差大，夜间露营时会需要保暖物。许多材料都可以用来制作保暖物，比如各种植物、动物皮毛等天然材料，以及防水雨布之类的人工材料。

· 经过干燥处理后的兽皮

如果有幸猎获那些脂肪多且皮厚的中大型动物，将皮剥下后进行干燥处理，然后披在身上用以保暖。如果条件允许，尽量避免使用生病的或受到感染的动物皮。在使用动物皮之前，必须将其彻底清洗干净。如果水源不足或者没有水，至少要把皮彻底抖干净。如果使用的是生皮，则应去掉皮上所有的肉和脂肪，仅保留毛发，并进行彻底干燥处理。袜子、鞋和手套可以利用动物臀部及后腿部位的皮制作。

4.3.2 武器

沙漠中生活着不少危险的动物，我们需要制造一些简单的武器以备不时之需。这些武器不仅可以用来防身，也可以用来猎杀一些小型哺乳动物和飞禽，保证自己的食物来源。

（1）弓箭

在沙漠制作弓箭时，首先要选择一段没有泛灰和破裂的干死硬木，长度在1米左右，不能有结、弯曲部分或者分支。如非必要，不要使用生材，因为生材的力度不如干材。必须使用生材时，要将树皮剥掉浸在热水中，这样有助于木料弯曲。生材弯曲后，放到火堆飘出的烟雾中进行干燥处理，不要离火太近，以免木材燃烧。

无论是使用干材还是生材，都需要判断它的自然弯曲度，以免木材折断。理想的弓是中间牢固（所以要更厚），中间厚的木材握起来手感更好。使用刀子之类的工具，在木材较粗的部分削掉弧形内侧，直到宽度和拉力与较细部分一样。如果整根木材都差不多粗细，就要把木材两端削掉一部分。弓的中间部分要又牢固又厚，两端部分要又细又有弹性，而且两端的厚度与长度应大致相等。

木材处理好之后，要分别在两端切出两个长约2厘米的凹口，凹口呈半月形，在弧形外侧。凹口切好之后，便开始选择合适的弓弦。生皮鞭、细尼龙绳、麻绳、鱼线、棉线甚至葡萄

4 抵达——既是结束亦是开始

• 箭头安装示意图

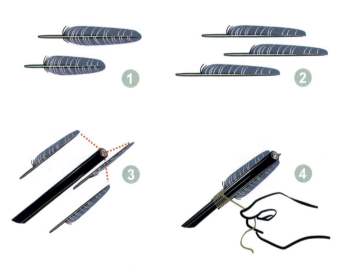

• 尾羽安装示意图

藤,都可以作为弓弦的材料。在沙漠环境下,要找到力度适合的材料做弓弦,就得广泛尝试。绳子不应该有弹性,因为力度来源于木材而不是绳子。找到合适的弓弦材料后,将其一端绑在木材下方的凹口中,然后调整松紧度,再将另一端绑在木材上方的凹口中。

弓制作完成后,便开始制作箭支。用于制作箭支的木棍同样要选择干材,并且越直越好,其长度约为弓身的一半,或者只要长度够拉开弓就行。如果木棍较弯,可以在火堆上略微加热后将其慢慢掰直。紧接着,要在木棍的末端刻一个小凹口,用于放置弓弦。至于箭头,如果找不到金属材料,只需将木棍的前端削尖即可。如果能找到金属、石头、玻璃或者骨头来做箭头,可在木棍前端刻个凹口,然后把箭头插进去,再用绳索将箭头和木棍捆紧。如果有条件,还可以找些羽毛来制作尾羽,它能让箭支的飞行轨道更平稳。

(2)弹弓

弹弓是一种容易制作的远程武器。简便的弹弓加上普通的小卵石,就可以发挥较大的威力。虽然弹弓的威力和精度比不上弓箭,但它比弓箭更易携带,是狩猎飞禽和爬行动物的绝佳武器。

弹弓的制作方法很简单。一根弹性绳索,中部穿上一小块弹弓布,两端固定在弓架上即可。弓架要选取强度大的叉状

4 抵达——既是结束亦是开始

树枝削成木柄,最好同时有一定的柔韧性。皮革是制作弹弓布的首选材料,也可用坚韧的织物替代。弹性绳索既可以是以皮革为原料的条带,也可

● 简易弹弓

用粗纤维搓成绳,但后者必须保证具有良好的弹性和坚韧度。可以用一根弹性绳索将弹弓布穿在中央,也可用两根等长的弹性绳索牢固系在弹弓布的两边。

(3)石斧

石斧的主要功能是砍伐,必要时也可以作为防身和狩猎武器。制作石斧时,首先要找到一块尺寸和厚度适中的石块,如果太小太薄,斧头不堪一击,无法发挥作用。找到合适的石块之后,需要将石块加以敲打并打磨成型,用于打磨的工具也是石头,将石头磨成一个斧头的形状,并将其表面磨光滑,斧刃处要磨得薄一些,这样才起到砍削的作用。

石头打磨完成后,需要找一段质地坚硬的树枝制作斧柄。如果树枝较粗,可以在一端凿开一个孔洞,然后将石头插进孔洞,再用绳索将其捆紧。如果树枝较细,可以将一端劈开,再将石头插入斧柄裂口,最后用绳索将其捆紧。为了便于握持,

可在斧柄缠上绳索。

• 不同制作方式的石斧

（4）骨锯

如果遇到了中大型动物的尸骨，可以将其肩胛骨取下，制成一把质量不错的锯子。首先用小刀或其他工具将肩胛骨较薄的内侧缘切割成锯齿状，然后用绳索将肩胛骨的另一端绑在坚硬的木棍上。当然，边缘锋利的肩胛骨也能作为斧头或切割工具使用。

（5）棍棒

与需要精细加工的弓箭、弹弓和石斧相比，棍棒是最容易取得的防身武器。长棍在行走时可作为拐杖，一端削尖后可变成有用的刺杀或投掷武器。长约1.8米的直棍可制成理想的刺

4 抵达——既是结束亦是开始

杀梭枪,长约0.9米的直棍可制作更易操作的投掷标枪,长度再缩短一半的直棍可制成投镖——具有更高的精确性,能投射更远的距离。刺杀梭枪前端加上各式枪头,会更有杀伤力。枪头材料可供选择的有锋利的燧石、马口铁或者直接用尖刀绑在梭枪头部。

● 锋利的燧石适合制成枪头

4.3.3 烹调器具

有了应急工具、保暖衣物和防身武器,你还可以制作一些烹调器具,从而保证自己能吃到干净的熟食。烹制、进餐和储存食物的工具可以用多种材料制成。在沙漠条件下,要最大限度地利用所有可使用的材料,使其发挥最大作用。

(1)锅

虽然可以采用烧烤的方式烹制肉类,但有些食物仍需要锅具进行熬煮。沙漠最常见的锅具材料是木头。使用凿出凹槽的木头作为锅具时,可先装进食物和水,然后将烧烫的石头放进去,待石头冷却后将其取出,放入更多烧烫的石头,直到食物煮熟为止。需要注意的是,不能使用有气泡的石头,以免发生

• 使用木头制作的锅

爆炸。当然，如果能找到他人丢弃的金属容器，将是效果最好的锅具。

（2）碗盘

碗盘的制作可以利用木头、树叶、骨头、皮、角或其他类似材料。制作木碗比较容易，只需截下一段中空的木头，便可以盛装足够的食物和水。一些阔大的植物叶片也可作为简易的餐盘。

（3）筷子

制作筷子的常见材料是树枝，但要注意打磨光滑，以免划伤口腔。使用树枝时，应选择不含树脂的树种，否则会留下浓烈的树脂味，破坏食物的味道。另外，树皮上有树液或切开时流出树脂一样的汁液的树枝，也不能使用。

（4）水壶

大型动物的胃是制作水壶的好材料，但要彻底洗净才可使用。制作方法非常简单，将底部打结作为壶底，顶部作为壶口，平时使用绳索将壶口扎紧。

4.4 烹调食物

4.4.1 可食用植物的烹调

在可食用植物中，有一部分是可以生吃的，但必须冲洗干净。如果植物生长的水源或者你用来清洗植物的水源是被污染的，那么植物表面也受了污染，所以如果要吃生的植物，一定要用可饮用的水冲洗干净。

有些植物必须烹饪一下才能食用。改善植物类食物的口味有以下几种方法：浸泡、沥滤（沥滤时，要捻碎植物放入过滤器中，然后浇入沸水）、煮半熟或者用其他更复杂的烹饪方法。叶子、茎秆、芽，可以放入水中煮，直至变软，多煮几次有助于去除苦味；根、茎块，可以煮、烘或者烤。

煮是最好的方法之一，因为可以留住汁液中的盐分和养分。很多野生植物的草酸盐含量很高，草酸盐通常会使人的嘴里产生强烈的灼烧感，而且对肾有不好的影响，煮一煮会破坏植物中的草酸盐。

烘是将植物放在一个烘箱里，用中火慢慢烘烤。可以在沙地挖一个坑当作临时烘箱，坑中放入一些烧着的木炭，然后将食物和水放入一个密封的容器中，也可以用树叶将植物包起来，再将容器放在坑里面，并在容器上盖上一层烧着的木炭和一层薄薄的沙子。另一个做法是在坑里面铺一层干燥的石头，然后生火，等烧完之后，把灰烬拨开一个小坑，再把容器放入灰烬中埋好。

烤需要使用烤叉，多用于烹饪肉类食品，也有少数植物可以采用这种方法。将要烤的植物串在没有毒的棍棒上，然后放到火上烤，直到熟了为止。

4.4.2 肉类的烹调

在沙漠环境中，需要知道如何烹调肉类，烹调前该如何准备，以及如何储存它们。不正确的清洗方法和储存方法可能会使肉类变得无法食用。

（1）蛇类

如果是活着的蛇，宰杀时必须非常小心。要用左手从袋子外面抓住蛇的七寸，然后伸右手到袋子里面接住蛇的七寸，将蛇向外取出，左手迅速抓住蛇尾。紧接着，双手抓住蛇头按在案板上，用脚踩住蛇尾。准备就绪后，用左手按紧蛇头，右手用刀压住蛇头，左手挪出蛇七寸位置，用刀在七寸位置斩下蛇头。蛇除了受大脑神经支配外还有周围神经，头和身体离断后周围神经短时间还有活性，用刀将蛇头从中间剁开，以免出现意外。

4 抵达——既是结束亦是开始

宰杀完成后，用80摄氏度左右的热水，烫去蛇鳞。由于蛇的神经没有完全死亡，受热水刺激后，蛇可能还会动。蛇鳞清除后，用剪刀或其他工具破开蛇肚，取出蛇内脏，再剪去蛇尾。最后将蛇斩成小段。

蛇肉可以在炽热的炭火上烤熟，也可以用水煮食。蛇的内脏可以留下，用于设置诱捕陷阱。蛇皮可以用来制作腰带、皮带，或者其他类似的东西。

（2）鸟类

当你捕获了鸟类，不管是准备吃，还是要储存起来，都必须先将其去毛。如果拔毛不可行，可以将整个皮剥掉。不过带皮一起煮的鸟类更有营养价值。

你可以煮食鸟肉，也可以把鸟肉串起来在明火上烤。食腐鸟类，如兀鹫、秃鹰等，需要煮食至少20分钟以杀死其体内的寄生虫。从鸟类身上获得的羽毛可以用来隔热保温。

（3）哺乳动物

设圈套或陷阱诱捕来的动物通常是活着的，所以也很危险。所以接近落入圈套的动物时要格外小心，可以用矛或者棍子杀死它们，以便保持安全的距离。当猎物被杀死之后，立即割断它的喉咙放血。如果需要把猎物拖到别的地方，那么要在剥皮之前拖，这样可以避免沙尘弄脏猎物。如果情况允许，最好等到猎物完全冷却之后再做处理，因为跳蚤和寄生虫会主动离开已经冷却的猎物。

多数哺乳动物的内脏都是有用的,必须做到物尽其用。心脏、肝脏和肾脏可以食用。切开心脏,将心室里面的血放干净。将肾切成片,如果有足够的水,将肾浸泡、漂洗。几乎所有哺乳动物的胆囊都和肝脏连在一起。有时候,胆囊看上去就像肝脏上的一个水泡。切除胆囊时,拎起它的顶端,在它后面的肝脏上环切一刀。如果胆囊破裂了,胆汁流到肉上面,马上用水洗,免得肉被胆汁污染。胆囊切下之后扔掉。

哺乳动物的血液里含有盐分和其他养分,适合用来做汤;虽然野生动物没有多少脂肪,还是要尽量收集保存,它可以用来做肥皂;动物的肠子洗净之后可以熏制储存,或者当成绳索使用,不过要让它们彻底干透,以防腐烂;大型动物的腱和韧带可以用来制作绳索;骨头可以用来制造工具和武器;大多数动物的头部都有很多肉,而且得到相对容易。将头部的皮剥掉,保存起来当皮革用。彻底洗净口腔,把舌头切出来,煮过之后剥掉舌头上的外皮。把头上的肉切下来或刮出来,如果你喜欢,可以把头放在明火上烤,不用把肉切下来。动物的眼睛是可以吃的,煮食时去掉视网膜。动物的脑也是可以吃的,还可以用来制革,据说动物的脑适合鞣制它自己的皮。动物的骨髓也是非常有营养的食物,可以敲碎骨头将其挖出。

4 抵达——既是结束亦是开始

（4）其他动物

除蛇类以外的爬行动物，可在清除内脏后放入炽热的炭火中直接烧烤。当皮肤脱落以后，可以再用水煮食；昆虫与蠕虫可以煮食，也可以放在烤热的石板上面烤干，然后把它们压碎或者碾成粉末放入汤内或者其他的菜肴中。

对于不同种类的食物，合适的烹调方法能让食物更加鲜美适口，并且最大限度地保留食物的营养。有的食物你可能并不喜欢，甚至根本无法接受，例如蝎子和蠕虫等，但它们在沙漠环境中却是不可多得的营养来源，你必须试着烹调和食用这些食物。

对于企业管理者来说，识人用人也是一门必修课。曾国藩曾说："宁可不识字，不可不识人"，虽然有失偏颇，却道出了识人的重要性。识人用人就好比在茫茫沙漠中找到具有营养价值的食物，并找出合适的烹调方法，让它们发挥应有的价值。

识人用人是企业管理者的基本职能和必备能力，管理者不仅要知人善任，而且要知人善免，只有把善任与善免有机地结合起来，才能使更多优秀人才脱颖而出，使企业充满生机。但在实际工作中，知人善免却不那么容易，有许多阻力和障碍需要加以清理和克服。有的管理者认为，只要不背离原则，不违法乱纪，即使下属能力差一些，总要给个位置，以便平衡各种矛盾。另有一些管理者受个人感情的羁绊，对一些资历长、任职久、感情深的下属或者老乡、同学等迁就照顾，宽容放纵，即使责任心退化、使命感弱化、进取心淡化，也拉不下脸来予以免职。

在人才使用上，有的管理者热衷于论资排辈，一些有胆识、有魄力、有作为的年轻人才，由于棱角分明，敢说敢干，往往被视为自高自大不予使用；而那些能力平平、善拉关系的人却受到重用。这些问题严重影响了企业的发展，使一些企业停滞不前或濒临破产。

要使企业走上健康发展的道路，就必须改变传统的只上不下、只进不出的封闭僵化的用人机制，而着手建立一个能上能下、有进有出的开放式流动体系。只有在这样的体系中，员工才会努力进取，企业才会充满活力。

知人善任与知人善免作为人力资本管理的两个方面，相比较而言，后者对管理者的领导方法与领导艺术的要求更高一些，所以在解雇下属时大多数管理者会感到为难，原因也就在这里。但无论如何，只要从维护企业的利益出发，而并非以惩戒他人为目的，就可以说是正确的选择。

管理者要能抛弃个人成见，客观地对他人做出评价，即使情感上不喜欢，也决不以私害公、以私误公，而应看中对方的能力加以重用。

4 抵达——既是结束亦是开始

4.5 储存食物

在沙漠地区，食物和水一样都是很难得到的，尤其是肉食。如果有幸得到大量的肉食，而又一时吃不完的话，那就要将它储存起来，留待以后再用。

宰杀动物后，溅在肉上的血会在表面凝结，从而使肉可以保存一段时间，不过如果放血不正确的话，血液会凝聚在肉的底部，短时间内就会使肉质变坏，所以应该切掉被污染的部分。如果肉上面生了蛆虫，去掉蛆虫，切掉变色的肉，剩下的肉还是可以吃的。蛆虫是昆虫的幼虫，也是可以吃的。

在沙漠温暖的气候下，需要把肉弄干，或者熏制之后才能保存。一个晚上的浓烟熏制可以使肉保存一周，两个晚上的熏制可以使肉保存 2~4 周。在把肉弄干或熏制前，先沿着肉的纹理把肉切成长短适中的肉条。晾干肉时，将肉悬挂在风中或烈日下，不要让其他动物够到。用东西将肉盖住，不要让苍蝇落在上面。

熏肉时需要一个封闭的环境，例如圆锥形帐篷或者一个深坑。还需要一些落叶木的树枝，最好是绿色的。用挖坑的方法

变革——沙漠徒步与企业生存管理法则

● 沙漠中的狐狸

来熏制肉时，先挖一个洞，深约 1 米，直径约 0.5 米。在洞的底部生火，火烧旺时，添加切成条的新鲜木头，或者新鲜的绿色树枝，使之冒烟。在距离火 0.5 米的上方搭一个木头炉栅，将肉条放在炉栅上。用棍子、树枝、叶子或其他东西覆盖在坑上面。用烟是有技巧的，不要让火燃得太旺；不要用黏性的或油性的木柴，以免改变肉味。如果熏制方法正确，熏出来的肉应该看上去像黑色的、脆的、卷曲的棒状物，很好吃，也很有营养。

此外，也可以用干热的沙子做肉干。如上所说将肉切成条，用干热的沙子埋上。如果肉干了，可保存数年。这类肉干可以干吃、浸泡或煮着吃，它们可方便而长时间地保存。如果你有足够的盐，也可以用盐水来保存肉。将肉浸在盐水里，然后放在阳光下晒干或者在火上烤干。如果用的盐太少，或者没有充分晾干，肉很容易变坏。

在食物充足时未雨绸缪，将富余的肉食做成肉干，能让你安然度过食物匮乏的时期。而在企业管理中，危机意识是企业管理者的必备素质。在市场竞争如此激烈的今天，企业的发展充斥着危机，不管是来自外部还是内部，无不威胁着企业的发展。治标要先治本，因此，要应对危机就需要了解危机从何而来，对已有的危机进行分析，对隐藏的危机进行预测，从而将企业进行更好的定位。

①外部危机。对于企业而言，外部环境为其提供了商机，但同时也带来了威胁。如果不能对机遇和挑战有一个明确的认识，那么就无法让企业有良好的发展。企业的外部危机需要企业管理者从战略角度进行分析，对经营环境有一个全面的了解，才能够在经营管理过程中制定有效的方案。

企业的发展需要在符合相关法律法规规定的基础下进行，对相关的法律法规要进行细致的研究，并且将其用于企业自身的发展和规范。企业最大的危机源就是竞争对手，尤其是相同行业的对手，其利益是相互冲突的，因此，管理者在企业的发展过程中需要对对手有充分的了解。古语有言："知己知彼，百战不殆"，只有对对手有一个清晰的认识才能对自身的发展有一个更好的定位，将企业自身的优势充分发挥出来。对他人的成功经验进行总结，取人之长、补己之短是推动企业进步的最好方式，因此，企业管理者需要总结并运用对手的经验，以完善自身的发展。

②内部危机。企业内部的危机对于企业而言是致命的，因此，企业管理者需要对企业内部的管理有一个清醒的认识，从经营战略、内部管理、经营财务三个重点入手进行分析。随着经济的发展，市场竞争也日趋激烈，企业要实现长足的发展，就必须要有科学的经营战略，做出具有前瞻性的运营决策。在企业发展的过程中，风险与机遇是并存的，因此，在抓住机遇的同时也要注意风险的防范，盲目的发展会对企业造成毁灭性的打击。企业的内部管理是影响企业发展的重要因素，企业的发展效果很大程度上取决于管理的好坏。人才是企业发展的推动力，因此人才的管理至关重要。企业科学的人力资源管理能够对人才起到吸引作用，并且充分激发企业人才的潜能，从而促进企业经济的发展。对于企业而言，财务部门是企业的核心，如果企业的财务处理不善，导致资金无法流通，就会损害到员工的利益，进而引起员工的不满。当员工对企业产生不满情绪时，其工作效率就会下降，从而加深内部危机。

对于企业管理者而言，无论发展的现状如何辉煌，都不能产

4 抵达——既是结束亦是开始

生丝毫的懈怠，需要时刻提高警惕，树立起危机意识，并且建立健全相关的管理体制。危机意识能够推动企业的发展，让企业实现高效的运营，成功的危机管理能够将企业面临的危机进行缩小甚至解除，让企业重新恢复正常的发展。具体来说，企业管理者应该从以下几个方面来应对危机。

①树立正确的危机意识。对于企业管理者而言，"居安思危"的意识需要贯穿在平时的运营管理过程中，让员工从思想上对工作进行高度的重视，从而提高企业整体的效率。企业的最高领导要起到示范作用，以自身作为典范，带动员工树立正确的危机意识，以保证企业在面临问题时全体员工能够从容应对。员工危机意识的增强能够为企业提高抵御危机的能力，将企业的损失降到最小。

②建立有效的预警系统。对于企业而言，危机预警系统能够为企业管理者提供准确预警信息，在外界经济出现变动时，为企业管理者提供最新的变化数据，企业管理者可以从中进行分析，以制定相应的应对措施。危机预警系统能够在市场发生重大变化之前进行预警，例如经济危机、金融风暴来临之前，企业管理者能够提前做好准备，以降低经济危机给企业带来的影响。由于危机预警系统为企业管理者提供的是第一手资料，因此资料的可信度以及准确性都较高，更利于企业管理者进行鉴别分析，从而制定危机预防措施。

③制定相应的管理计划。企业管理者在制定危机应对措施时，需要考虑到危机源的不同，不能仅仅是笼统的应对方案，而没有具体性和针对性。企业的危机管理计划需要具体、可操作，在危机爆发时能够直接进行取用。制定危机应对措施的需要具有灵活性，能够根据实际的变化进行灵活的变动，从而使得一个方案能够应对多种问题。在危机管理计划制定的过程中还需要考虑多方面的因素，例如危机影响群体、危机影响后果等，全面的考虑能够使得管理计划更加科学、全面。

④进行危机的模拟训练。如同军事演习、消防演习，对于企业而言也可以进行危机演习。危机模拟训练能够对企业管理知识、员工心理素质等进行考核，并且提高企业管理者的快速反应能力。不定期的危机模拟训练能够让企业内部处于高度警惕的状态，从而提高企业应对危机的能力，在真正危机到来时从容应对。企业管理者在管理过程中需要制定相应的危机应对措施，危机模拟训练能够对制定好的措施进行检测，验证其是否具有可行性和有效性。

总之，面对如今经济全球化的发展趋势，企业在获得机遇的同时也面临着挑战。企业管理者需要树立正确的危机意识，能够居安思危，用长远的眼光看问题。在企业经营管理的过程中要对危机源有清晰的认识，从内因和外因双方面进行分析，强化内部管理，增强抵御外部危机的能力，从而推动企业实现长足的发展。

4.6　LNT 法则：垃圾处理

LNT（Leave No Trace，无痕旅游）是由美国各级政府的土地管理单位、环境教育学者、保育团体、户外用品的制造商与销售商、登山健行团体以及社会大众，所共同发起的全国性教育推广运动。这些公私部门、产官学界组成的合作团体，自20世纪80年代起，提出无痕旅游的行动概念，全面推动"负责任的品质旅游"，教导大众对待环境的正确观念与技巧，协助将户外活动对自然的冲击降到最低，多年来取得了较好的成效。时至今日，这项运动已经在全球范围内流行起来。

LNT 法则的主要内容如下。

（1）提前计划准备

任何户外活动都需要提前做好计划准备，了解当时有关环保方面的规章制度，对有可能发生的情况做充足的准备，并且根据所了解到的情况选择适用的装备。同时要充分了解活动区域的线路特征并据此预先设计行进路线和露营地。根据线路的实际情况计划所携食品的数量，然后对食品进行简单的处理，能够拆封集中包装的尽量集中包装，尽可能减少垃圾的生成。

简单说，提前计划与准备要做到：不盲目、不违规、不浪费、有准备。

（2）在可耐受地面行进和露营

在户外活动中，有时我们往往选择无序的近路以减短路程与难度，这样做是不可取的。LNT法则规定，不论何时何地都尽可能行走在现有步道上，不走捷径，不直上直下，团队在行进时只走一条单一的行进路线。如果道路情况好，同时背包又不算太重，可以考虑软底鞋，以减少对地面的冲击。

在非登山步道上徒步，要选择例如岩石裸露地或是碎石坡等能耐受人类踩踏的地方行走，在这样的区域，分散行走是减少对环境冲击的最佳选择。

在对环境冲击较大的露营活动中，露营地的选择非常重要，一般要求营地选择在距离水源50米以上的位置，以排除污染物。在热门路线中，只在现存土壤坚硬寸草不生的营地上扎营，将营地活动集中在已经受冲击的区域。如果是在一个很少有人类活动的地区，应将营地扎在一个从未使用的地点，而不要扎在受轻微冲击的地方。如果是一个使用很频繁的营地，地表被严重侵蚀而且树根外露，那就应该选择其他地方扎营，让营地有休息的机会。

最适合扎营的地方，是岩石、砾石地、沙地，因为它们非常能耐受人类的踩踏，其他不错的选择是干草地，比较不能耐受人类冲击的是有丰富植被而地表覆盖树叶的森林地。当你离开一个原始地区的营地时，将草弄得蓬松；把营钉所留下的洞填平。

（3）妥善处理垃圾

"背上山的东西通通都要背下山"，这是一项重要的原则，保持露营地的原貌，体现了露营者最基本的素质。

在处理食物垃圾时，不仅要在出发前尽量减少包装，也要尽可能地选择可重复使用的用具，计划合适的量，避免浪费。在露营活动中，尽可能少用清洁用品，切勿直接在水源中洗脸、刷牙、清洗衣物或洗菜，污水倒在离营地和水源 50 米以上、深 25～30 厘米的土坑中。食物的残渣应该全部带走，即使是果核、果皮等一些可降解的食物残渣也必须全部带走。

在露营活动中应修建临时厕所，挖坑掩盖排泄物。厕所的位置应选在离水源、营地和道路 60 米以外的地方。为避免二次污染，使用的卫生纸也应该尽量包装起来带走，不要掩埋或焚烧。

（4）保持自然原貌

在营地活动的时候，要尽可能地选择穿着重量较轻并且鞋底较平、较软的鞋子，如凉鞋、拖鞋或是慢跑鞋，以减少踩踏对土地的踩踏。遇到诸如文化遗址、历史建筑、人造雕塑等，在未经允许的情况下不要触碰，更不可踩踏。在建设营地的时候也要注意不要挖沟、改变溪流河道，在离开时把营地恢复到可以吸引后来的宿营者，避免后来者破坏别的地面。

（5）野外用火

在野外活动尽量不要用火，一般来说生火对自然环境的冲击很大，一次生火之后，它的痕迹就会变得越来越大，并且永远不会消失，火对土壤造成的永久伤害可以深达10厘米。因此在户外活动中，要使用合适的炉头做饭，穿足够御寒的衣服，使用帐篷，用一个好睡袋保持温暖与干燥，而不要轻易使用火。

在必须要使用柴火的情况下，首先要确定所在的地方是否允许，是否是防火季节，确定要找到枯木当燃料而不是去采伐活树，理想的燃料就是比手腕细的树枝。在点火的时候，要选择把火生在有生火痕迹的中心区域，在木材全部燃尽以后将炭灰撒在草丛中。

在户外活动中，不提倡吸烟，因为烟头是由醋酸纤维塑料制成的，不可降解，使用过的烟头还包含铅、汞、砷、丙酮、氯乙烯等有害物质。如果一定要吸烟的话，一定要远离队友，不造成二次污染，烟头也需要同垃圾一起集中处理带下山。

（6）尊重野生动物

在户外活动中，应该尊重野生动物生存的习性与环境，与它们达到一种和平共处的境界。要注意保护水源，保护动物赖

4 抵达——既是结束亦是开始

以生存的源泉。不论你是否看到野生动物,都应该知道你的短暂造访都无可避免影响到当地的野生动物。如果扎营在离水源不远的地方,尽量只来回水源一次,以减少对野生动物的干扰,携带可折叠的水袋装水,而不要直接用锅。

同时,绝不喂食给野生动物,不论野生动物多么可爱,都不应该随意喂食,一旦失去生存的本领,受害的是这些野生动物。在营地,把所有的食物和吸引物也要放到安全的位置,以避免让当地的野生动物养成造访营地的习惯。

(7)考虑其他野外活动者

户外活动开始前应充分了解当地的风土人情,尊重当地的民族风俗,尊重他人的生活习惯与习俗,养成良好的习惯。注意在宿营区域的娱乐不要干扰到他人,把声音以及视觉上的干扰减到最低,做任何你可以想到的事来保持大自然以及营地的宁静,因为这是大多数户外爱好者亲近大自然的原因。

沙漠徒步时,也必须遵守LNT法则。沙漠常常被视为环境恶化的产物,但实际上,沙漠也是维持地球生态循环的一分子,同时也为人类提供了丰富的能源。因此,在沙漠中也要有环保意识,尽量把垃圾带出沙漠,并妥善保护珍贵的水源。

对于企业和企业家来说,环保和公益同样是重中之重。公益是企业的第二生命，也是企业和企业家的需要。企业的公益意识和公益德行，不仅决定企业发展的高度和未来，更影响整个社会经济发展的质量和前途。

企业即便是经营状况不佳，也不能丧失公益意识和公益责任。企业具备了较强的公益意识和公益责任，虽然企业表面上支出多了，成本大了，收益下降了，但实际上企业却并不会吃亏，因为这样做可为企业赢得较好社会口碑和声誉，对树立企业经营形象起到重要作用，可为企业发展累积无形的实力或资产，使企业能获得源源不断的活力源泉；更为重要的是，企业树立公益意识，保持公益"品行"，可赢得员工好感，让企业员工充分感受到企业温情的发展理念，可增强企业凝聚力和向心力，消除企业用工难问题，为企业发展提供巨大推力。

目前我国社会发展存在的各种问题较多，社会老龄化加剧、贫困地区和社会底层生活困难及需要救助的老人、儿童总数量不少；而国家财政又不可能全部包下来，需要企业培育公益意识、发挥公益精神，充分践行社会责任担当意识，既可为国家财政减轻负担，也可有效化解各种社会矛盾，为企业发展和强大赢得稳定和谐的社会环境。

企业只有树立公益意识，才能培育企业合规文化，促使企业依法守规经营，消除企业生存发展中的各种乱象，为全社会企业公平、公正竞争营造有利环境。过去，由于我国大量企业公益意

4 抵达——既是结束亦是开始

识薄弱,导致社会责任担当意识不强,在经营行为中唯利是图,严重败坏了企业形象,损害了整个社会信用秩序。这一切既需要政府监管部门严格执法加以约束或消除,更需要公益意识引导,让企业经营回归善良、远离丑恶。

企业要想把公益做好,首先要树立公益使命,还要建立公益机制。尤其要明确公益既是社会的需要,因为有很多人需要帮助,公益也是企业和企业家的需要,企业需要公益彰显自己的企业品牌价值,企业家同样需要体现自己的人生价值。

● 由中国近百名知名企业家出资成立的环境保护组织
——阿拉善 SEE 生态协会

沙漠生存铁律:不值得定律

沙漠场景

一个团队在沙漠中生存,势必要进行分工合作,有人负责找水,有人负责生火,有人负责捡柴,有人负责做饭,还有人负责搭建帐篷等。然而,并不是每件事都会很好很顺利地完成,找水的人有可能空手而归，做饭的人也可能将菜炒糊。究其原因，往往并不是因为这些人能力有限，而可能是因为找水的人认为现有的饮用水很多，不值得耗费力气在茫茫沙漠中寻找新的水源；做饭的人认为现有的压缩食品已经足以果腹，不值得在炎炎烈日下埋锅做饭。

商业案例

张毅是计算机专业的硕士生，毕业后去了一家大型软件公司工作。工作没多久，他就凭借深厚的专业基础和出色的工作能力，为公司开发出了一套大型财务管理软件，得到了单位同事的称赞和领导的肯定，被提升为开发部经理。张毅不但精通技术，还是一个值得下属信任和尊敬的上司，开发部在他的领导下取得了不凡的业绩。

公司老总认为张毅是个人才，就把他提升到总经办，负责全公司的管理工作。接到任命通知后，张毅并不高兴，因为他深深知道自己的特长是技术而不是管理，如果去做纯粹的管理工作，不但会使自己的特长无法发挥，还会使自己的专业技能被荒废掉，尤其重要的是自己并不喜欢做管理。可是，碍于领导的权威和面子，张毅还是接受了这份对于他来说不值得做的事情。

果然，接下来的一个月他虽然做了很大的努力，但结果却令人失望，上司也开始对他施加压力。张毅不但感到工作压抑，毫

4 抵达——既是结束亦是开始

无乐趣,还越来越讨厌工作和这个职位,甚至想到了跳槽。

定律阐释

不值得做的事情,就不值得把它做好。这就是"不值得"定律,一个管理学中的经典定律。它之所以被广泛应用,缘于它揭示的是人类共有的一种心理反应,即对自认为不值得做的事,冷嘲热讽、敷衍了事的态度往往如影随形,致使渴望成功实现自我满足的结果渐行渐远。

对一个企业或组织来说,只有让员工觉得自己所从事的是值得做的事情,才会大大地激发员工的工作热情,提高工作效率。所以,作为企业或一个组织,就应该对员工的性格特性进行深入分析,并根据分析结果合理分配工作,比如,让富有权力欲的员工担任他能胜任的主管工作;让富有成就欲望的员工单独或牵头完成具有一定风险和难度的工作,并在完成时给予及时的肯定和赞扬;让独立意识不强的员工参与那种要由一个团体共同完成的工作等。

除此之外,还有很重要的一点应该引起企业管理层的注意,那就是对员工成就感的培养和满足。企业可以通过加大人力资本投入,加强对员工的知人善任和教育培训,努力构建尊重员工、以员工为本的企业文化,让员工觉得在现供职单位长期干下去是有前途的。

> **沙漠心语：人生的征途就是一次又一次出发**

　　沙漠之行所遇到的挑战是有限的，而人生中的挑战则是无限的。3 天 55 公里的征程中，我们在有限的时间内让生命获得了无限的张力，这是何等的雄壮与伟岸！

　　在这涅槃重生的日子里，无论是生活、事业，亦或是前途的光明与艰难，都更加坚定了我们对于未来不害怕、不抛弃、不躲避的信念。在人生的征程中，同样亦如此。

大漠商学院 2018 届 8 班
大漠商学院 2018 届 21 班
《农资与市场》杂志社总编
冯卫东

　　你的行走范围，就是你的世界，在沙漠里，我们可以看到每一个真实的自己。或许坚持很难，道路是曲折的，但前途是光明的，经历了沙漠的路途坎坷，才能看到月亮湖的美景。

　　能够打败自己的只有自己，能让你放弃的也只有自己。

　　一场沙漠徒步，检验的是自己面对困难的信念和希望。如果这一次你能战胜自己，那下一次困难，你同样可以战胜！

大漠商学院 2017 届 6 班
群象岛企业家俱乐部创始人兼董事长
路明

4 抵达——既是结束亦是开始

当累到极致的那一刻,真的有灵魂出窍的感觉,所有杂念都被清空了,整个脑袋里只有一件事,沿着前面的脚步走下去!不能停,尽快到达目的地!拒绝救援车辆,一定要自己走完这一程!!!

认定目标,一步一个脚印,不疾不徐,稳稳当当,坚持不懈地朝目标走下去,先求生,只要生存下来,就会开辟出来一条属于自己的路。

旅行故事部落酋长
大漠商学院2018届12班
河南德铂抗衰老机构董事长
李志杰

行走沙漠,寻找最真实的自己。沙漠挑战,对于个人来讲,就是打破原有的思维定势和路径依赖。这徒步对于我来讲,实现自我思想、行为的升华,最终对自己所带的团队、企业和社会组织,包括家庭,都会有正向的引领。

大漠商学院2018届19班
中原信托郑州财富管理中心总经理
谢国贤

此次沙漠徒步使我感触最深的是信仰的力量。在克服这些种种困难时让我联想到了人生和企业，人生不如意十之八九，企业经营管理也是困难重重，只要我们坚守住自己的信仰，找到突破企业发展瓶颈的战略方向，带领团队走出原有的舒适区，突破阻碍企业发展的天花板。走上健康发展之路。

大漠商学院2018届19班

郑州市建业投资有限公司总裁

张建德

沙漠行走如同企业运营，时常会遇到这样那样的困难和问题，甚至是生与死的考验，如果我们稍不注意就可能前功尽弃、全盘皆输。作为企业的掌舵人时刻都要保持清醒、谦虚谨慎、如履薄冰。特别是在复杂的经济大环境下和竞争异常激烈的今天，更加应该加以小心。

通过大鹏老师对他旅行当中六次生死考验的经历分享，让我们明白在人生道路上和企业经营过程中，越是在困难时，越是在面对生死考验时，越要保持一个清醒的头脑，只有头脑清醒才不至于做出错误的判断和决策。当然做什么事情都不能轻易地选择放弃，因为没有过不去的火焰山，再大的困难咬咬牙都是能够挺得过去的。

4 抵达——既是结束亦是开始

大漠商学院 2018 届 19 班
河南新四维信息科技股份有限公司董事长
李委航

无思想,不沙漠。这句话我很喜欢,我读它 200 遍!人生一辈子,时光匆匆。背的负累太多,连喘气也不易,设计得太拥挤了,就缺少一个转身的余地。

笑看风云,表面风光,内心却没有个安稳,把光阴的赠予凝缩成一颗坦然平静的心,就像一片万年的沙漠,让我们去踏。人生不管是在沙漠还是在工作上,要么是含着眼泪硬扛下去,要么是让困难通苦把你打倒。如果你能坚持扛过一个个苦难,你才能最终成就伟大。

大漠商学院 2018 届 19 班
安徽润乾节能建材科技股份有限公司董事长
秦林好

离开沙漠的午后患上了一种"后沙漠综合征",就是身体离开了沙漠,灵魂还游离在漫漫黄沙间。沙漠徒步无关乎"挑战"亦或"超越",更是一种"包容"和"接纳"。就如同我喜欢爬上高高的沙丘,只为徐徐东升的朝阳,就如同我喜欢穿过绿洲湖畔的芦苇,只为那皎皎月光。

就如同我爱上徒步沙漠,只为同行的思想者之光恍若璀璨的星河,经久闪耀在我无知的心间,殷殷关注我沙漠归来的成长。

大漠商学院 2018 届 19 班
深圳亚平宁投资股份有限公司董事
冉文静

5

危机管理——如何强化应变执行力

沙漠一眼望不到边,风起时,走过的痕迹很快便会被沙子埋没,你很难找到水和食物补给,又要经历高温、昼夜温差大等考验,可谓危机四伏。而企业发展过程中同样会遇到种种困难,管理者必须具备强大的应变力。

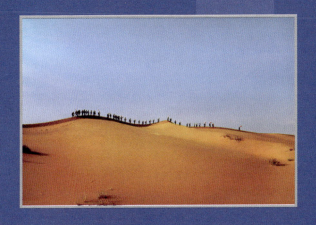

沙漠生存铁律：羊群效应

沙漠场景

沙漠中饮用水稀缺，一旦有人在某个方向发现了水源，其他人往往会一哄而上，也到同一个地方找水。即便这个地方的水已经被先来者取光，他们也不愿意回到自己原来寻找的方向。而拥挤的人群会吸引更多的人前来找水，如此循环往复。

商业案例

20世纪末期，网络经济一路飙升，".com"公司遍地开花，所有的投资家都在跑马圈地卖概念，IT业的CEO们在比赛烧钱，烧多少，股票就能涨多少，于是，越来越多的人义无反顾地往前冲。2001年，一朝泡沫破灭，浮华散尽，大家这才发现在狂热的市场气氛下，获利的只是领头羊，其余跟风的都成了牺牲者。

定律阐释

羊群效应是指管理学上一些企业的市场行为的一种常见现象。它是指由于对信息不充分的了解，投资者很难对市场未来的不确定性做出合理的预期，往往是通过观察周围人群的行为而提取信息，在这种信息的不断传递中，许多人的信息将大致相同且彼此强化,从而产生的从众行为。羊群效应是由个人理性行为导致的集体的非理性行为的一种非线性机制。

经济学里经常用羊群效应来描述经济个体的从众跟风心理。羊群是一种很散乱的组织,平时在一起也是盲目地左冲右撞,但一旦有一只头羊动起来,其他的羊也会不假思索地一哄而上,全然不顾前面可能有狼或者不远处有更好的草。因此,羊群效应就是比喻人都有一种从众心理,从众心理很容易导致盲从,而盲从往往会陷入骗局或遭到失败。

羊群效应一般出现在一个竞争非常激烈的行业,而且这个行业有一个领先者(领头羊)占据了主要的注意力,那么整个羊群就会不断模仿这个领头羊的一举一动,领头羊到哪里去吃草,其他的羊也去哪里淘金。

当然,羊群效应并不见得就一无是处。这是自然界的优选法则,在信息不对称和预期不确定条件下,看别人怎么做确实是风险比较低的。羊群效应可以产生示范学习作用和聚集协同作用,这对于弱势群体的保护和成长是很有帮助的。

羊群效应告诉我们:对他人的信息不可全信也不可不信,凡事要有自己的判断,出奇能制胜,但跟随者也有后发优势。

5.1 辨别方向

万通控股董事长冯仑曾在电视节目上分享了这么一个故事：有一年，冯仑和王石一起，在戈壁滩上，从西安开车一直到新疆，到了新疆的时候，突然车子坏了。那个地方没有信号，什么都看不见，什么参照物都没有，地上全是戈壁滩上的鹅卵石，温度极高，很快就可以把轮胎粘到石头上。因为完全没有办法跟外界取得任何联系，他们越来越恐惧，甚至开始焦躁。幸运的是，最终有一辆路过的大货车救了他们。

事后冯仑说：什么时候最让人恐惧呢？不是没有钱的时候，不是没有水的时候，也不是没有车的时候。最恐惧的时候，实际上是没有方向的时候。有了方向，其实所有的困难都不是困难。

的确，在广阔的沙漠上行走，因为视野空旷，难以找到定向的参照物，加上起伏的沙丘、高大的沙山和洼地，人们一般不可能走直线，所以，正确判断方向是沙漠徒步的先决条件。

用罗盘和地图标定方向是早期沙漠徒步中常用的方法，这种方法首先要知道自身所处的位置，根据地图标定目标地区的

5 危机管理——如何强化应变执行力

位置和方位角,然后根据罗盘所指的方位角行进。由于沙漠中不可能沿直线行走,用这种方法时要不断地校正方位,不然的话很难到达预定目标。在长距离沙漠徒步中,准确到达目的地或在茫茫沙海中找到预投的补给品是非常困难的。20 世纪 80 年代后期,全球定位系统(GPS)在民间的普及,将在沙漠中迷途的可能性降到了最低,目前所有的沙漠徒步队伍几乎都使用 GPS 导航。

除了这些高科技外,在沙漠中还可通过一些自然特征判定方向。

(1)用北极星判定方位

北极星是正北天空一颗较亮的恒星,夜间找出北极星,就找到了正北方向。我国处在北半球,终年晴空夜间都能看到它。北极星位于小熊星座(小北斗)的尾端,由于小熊星座比较暗淡,所以通常利用大熊星座(大北斗)和仙后星座(W 星座)来寻找。北极星

• 北极星方位示意图

到大熊星座和仙后星座之间的距离几乎等同。大熊星座由七颗明亮的星星组成，形状像一把倒扣的勺子，将勺子外端两颗星（指极星）的连线向勺口方向延长，约为两星距离5倍处的那颗星，就是北极星。仙后星座由五颗星组成，形状有时像一个倾斜的M，有时像一个倾斜的W，取决于它在星空中的位置。在W字母的缺口方向，约为缺口宽度两倍处的那颗星，就是北极星。

（2）利用太阳判定方向

世界上任何地方的太阳都是东升西落的，因此不管你在何处，都可以利用影子来辨别方向。这种方法是利用阳光对事物的照射而形成的阴影，根据阴影的变化移动确定方向。例如，在我国西部的沙漠，早晨，太阳从东方升起，一切物体的阴影都倒向西方，中午时太阳位于正南，影子便指向北方，下午，太阳到正西，影子则指向正东。在塔克拉玛干沙漠周围世代生活的维吾尔族驼工就是靠这种方法在沙漠中行走，绝不会迷失方向。当然还有一些较精确的方法判定方向，如立竿见影法、手表判定法等都是在沙漠徒步中很有用的。

采用立竿见影法时，你需要找一根长约1米的棍子，一块平坦的沙地，这样可以使棍子的影子清晰地投射到地面上。将棍子竖直插入地面，不需要与地面绝对垂直。在棍子倒影的尖端做一个记号。10～15分钟后，再标记出棍子顶端在地面上新的投影位置。将第一个记号和第二个记号连起来，画一条线，经过第二个记号后继续画延长线（约30厘米）。左脚站在第一个记号上，右脚站在线的另一

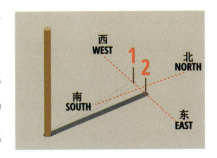

• 日影测向示意图

端。如果你是在北半球温带地区，你面朝的方向就是北方；如果你身处南半球温带地区，你面对的就是南方。确定北方或南方后，再辨别其他方向就水到渠成了。

采用手表判定法时，需要有一块机械手表，它有时针和分针，可用来确定方向，前提是它表示的是确切的当地时间（没有经过夏时制调整，也不是统一的跨时区标准时间）。北半球温带地区位于北纬23.4度～北纬66.6度之间，在此地区利用机械手表辨别方向步骤为：将手表水平放置，时针指向太阳，时针和12刻度之间的夹角平分线指向北方；南半球温带地区位于南纬23.4度～南纬66.6度之间，在此地区利用机械手表辨别方向步骤为：将手表水平放置，将12刻度指向太阳，12刻度与时针指向间的夹角平分线指向南方。如果没有机械手表，只有电子手表或者手机，一样可以使用手表测向。只需要在平坦的地上画一个机械手表，标上时间（按照电子手表或手机显示的时间），使指针都指向正确的时间，其他步骤和机械手表一

样。越远离赤道地区，这种方法会越可靠。

（3）利用沙丘走向判定方向

风是塑造沙漠地面形态的重要因素，在我国西北地区，由于盛行西北风，沙丘一般形成东南走向，沙丘西北面是迎风面，坡度较小、沙质较硬。东南面背风，坡度大、沙质松软。另外，沙漠中的植物，如红柳、梭梭树、骆驼刺等都向东南方向倾斜。需要注意的是，上述内容只是沙漠地区的一般特点，风向还因地区的不同而异，沙丘的走向也有所不同，要得出正确的判断，需事先掌握目标地区的气象和地貌。

在沙漠中走错方向，人可能会精疲力竭甚至葬身沙海，而企业没有方向，同样会惨淡收场。企业没有制定清晰的战略方向，或者是战略目标制定得不合理而缺乏可操作性，或者是受到外部环境和老板个人决策影响而经常左右摇摆不定，会导致企业内部日常经营管理活动缺乏有效的战略指引和方向指导。员工远的看不见，只能短视做好眼前，最后员工为了做事而做事，而不是为了企业愿景目标实现而去做事。企业管理者和员工不理解公司为什么要这么做，更不知道如何去做正确的事，如何才能把事做正确？方向迷失久了，公司内部就会出现员工"等""靠""要"等各种被动工作行为。

5.2 沙漠取火

在人类发展史上，学会用火是继石器制作之后，又一件划时代的大事。火对人类的生活和生产都有着巨大的意义，它开创了人类进一步征服自然的新纪元。对于在沙漠徒步的人来说，火也是非常重要的东西，它对于人的身体和心理来说都有重要意义。

在气温较低的夜晚，就算你没有足够的保暖衣物，火也能给你的身体带来温暖；当你的衣服被雨水或露水弄湿，火可以快速烘干它们；火可以烧开生水，还可以用来煮熟食物，从而减少疾病，并扩大食物的来源和种类；火可以吓跑危险的野兽，也可以驱赶烦人的蚊虫，使你在夜里安然入睡，为接下来的行动积蓄力量；火可以帮助你煅烧金属工具，在制作弓箭、木矛时也需要通过火烤矫正器身；在你需要发送求援信号时，火堆发出的浓烟是一种不错的选择。

在中国古代，取火方式主要有钻木取火、击石取火、火镰取火、阳燧取火、火柴取火等。进入现代社会以后，人类发明了打火机取火、电火花取火等新的技术，为人们的生产和生活创造了更加便利的条件。在日常生活中，现代取火方式已经完全取代了古代的各种取火方式，但你依然要学会利用周围的天然材料来取得火种，不能依赖于打火机或者其他现成的取火方式。毕竟，在荒无人烟的沙漠里，没有谁能保证自己身上无时无刻都带着现代取火工具。

沙漠里阳光强烈，所以最好的取火方法就是利用凸透镜取火。凸透镜有聚光的功能，太阳光经过凸透镜折射后将会聚于焦点处，将易燃物品（如干树枝、干草、干木屑、香烟等）放在焦点处，很容易引燃。此外，凸透镜透过阳光聚焦照射，还可将受潮或被水浸湿后的火柴晒干点燃。

在没有凸透镜的情况下，可以利用藤条取火：找一根干的树干，一头劈开，并用一些东西将裂缝撑开，塞上引火物，用一根长约0.5米的藤条穿在引火物后面，双脚踩紧树干，迅速地左右抽动藤条，使之摩擦发热，从而将引火物点燃。

● 利用凸透镜取火

也可以利用一些常见的现代物品来取火。如果能够找到电池，那么就可以把一条绝缘电线的一端连接到电池的正极，再把另外一条绝缘电线的一端

5 危机管理——如何强化应变执行力

连接到电池的负极。然后，把两条电线剩余的两端连接至一条没有绝缘层的电线。此时，这条没有绝缘层的电线就会发光发热，由此点燃引火物。此外，也可以使用锡箔纸代替电线。

●电池取火

在荒凉的沙漠中，熊熊燃烧的篝火可以驱散严寒，让疲惫绝望的人们重燃斗志。而在企业管理中，往往也需要这样一堆"篝火"来唤醒员工的激情。

每一个员工进入公司，身份会从新员工到普通员工，再到老员工；技能也会从刚开始的生硬到后来的娴熟。此时，多数企业都认为企业花大力气培养了员工，既然员工学有所成，就到了回馈企业的时候了。不料，老员工往往已经没有了最初的工作热情。

从企业的角度来说，希望员工的工作积极性永远保持在最高点，而员工的工作技能则随着入职时间的增加而不断地提升，而事实却并不如所愿。最初1～2年里，员工的工作积极性是较高的，在3～4年里达到高峰，5年以后，就下降到了较低的范围。

• 熊熊燃烧的篝火可以驱散沙漠夜间的严寒

最初 1~2 年，员工的工作技能处于较低点，在 3~4 年中达到较高点，5 年以后趋于平稳。

一般来说，员工的职场激情被浇灭是内外因素共同作用的结果。不可改变的外部因素有：办公室人际关系复杂，暗战不断；大量的人力心力耗费在僵化、低效和不科学的办公流程上；工作能带来的学习空间非常有限；企业不再能够满足未来的发展需求。内部因素有：对工作没有产生足够的职业认同感，职业成就感缺失；个人价值和存在感缺失，没有激情和动力；自我价值观与企业文化不一致；工作内容与个人喜好不符；员工被零件化，难以在工作中投入情感。

如果是单纯的外部因素,重新唤醒激情的可能性很小;如果是内部因素,可以通过一些积极的措施重新点燃员工的激情,例如岗位调整、赋予新任务、加强培训等。对于通用岗位,可以通过岗位调整来重燃员工激情;对于有能力、可培养的员工,激发他们的工作积极性最好的方法,莫过于给他们一个新的挑战;对于非通用岗位且无事业心的员工,可以通过培训来调整此类员工的工作心态、工作技能,提高员工对企业的忠诚度。

沙漠生存铁律:青蛙效应

沙漠场景

沙漠中有许多潜藏的危险,但最致命的往往并不是那些表面上看起来非常可怕的事物。面对突如其来的沙尘暴,人们往往会爆发出惊人的求生欲,想尽一切办法从风暴中生存下来。但是面对逐渐升高的气温,人们反而会丧失警惕性,因为高温并不像沙尘暴一样迅速置人于死地,所以人们很容易忽视防晒降温,殊不知高温会让人慢慢地脱水,最终导致中暑甚至休克。

商业案例

美国派克公司在 20 世纪 80 年代初期曾遭遇过一次危机。当时，很多竞争对手针对美国市场的变化，调整策略，转而生产书法笔，发展势头咄咄逼人，竟有赶超派克的可能。面对这个情况，派克的高层并没有给予重视。因为当时派克金笔在国外依旧享有极高的盛誉，每年的外销量也占总销量的 70% 以上。但其实此时很多人的上衣兜里别着的已经不是派克笔，签字时亮出来的也不再是派克笔。最终，随着时间的推移，20 世纪 80 年代初，美元升值时，派克公司王牌落地，出口下降，只能举债度日。

定律阐释

青蛙效应源自 19 世纪末，美国康奈尔大学曾进行过一次著名的"青蛙试验"：把一只青蛙扔进开水里，它因感受到巨大的痛苦便会用力一蹬，跃出水面，从而获得生存的机会。当把一只青蛙放在一盆温水里并逐渐加热时，由于青蛙已慢慢适应了那惬意的水温，所以当温度已升高到一定程度时，青蛙便再也没有力量跃出水面了。于是，青蛙便在舒适之中被烫死了。

青蛙效应告诉人们，企业竞争环境的改变大多是渐热式的，如果管理者与员工对环境之变化没有疼痛的感觉，最后就会像这只青蛙一样，被煮熟、淘汰了仍不知道。一个企业不要满足于眼前的既得利益，不要沉湎于过去的胜利和美好愿望之中，而忘掉

5 危机管理——如何强化应变执行力

危机的逐渐形成和看不到失败一步步地逼近,最后像青蛙一般在安逸中死去。而一个人或企业应居安思危,适时宣扬危机,适度加压,使处于危境而不知危境的人猛醒,使放慢脚步的人加快脚步,不断超越自己,超越过去。

事实上,造成危机的许多诱因早已潜伏在企业日常的经营管理之中,只是由于管理者麻痹大意,缺乏危机意识,对此没有足够的重视。有时,看起来很不起眼的小事,经过"连锁反应""滚雪球效应""恶性循环",有可能演变成摧毁企业的危机。

企业要避免"温水煮蛙"的现象,首先要求其最高管理层具备危机意识,企业才不致在战略上迷失方向,不经意之间滑入危机的泥潭之中。值得重视的是,危机管理并非是企业最高管理层或某些职能部门,如安全部门、公关部门的事情,而应成为每个职能部门和每位员工共同面临的课题。在最高管理层具备危机意识的基础上,企业要善于将这种危机意识向所有的员工灌输,使每位员工都具备居安思危的思想,提高员工对危机发生的警惕性,使危机管理能够落实到每位员工的实际行动中,做到防微杜渐、临危不乱。

5.3 应对突发状况：敬畏自然

5.3.1 沙尘暴

在沙漠地区基本上有 4 种天气，晴天、沙尘暴、高温、高温加沙尘暴，只有极少数时候会下雨。因此，沙漠徒步时最需要防范的天气就只有沙尘暴。

沙尘暴（sand-dust storm）是沙暴（sand storm）和尘暴（dust storm）的总称，指强风从地面卷起大量沙尘，使水平能见度小于 1 千米，具有突发性和持续时间较短特点的概率小危害大的灾害性天气现象。其中沙暴是指大风把大量沙粒吹入近地层所形成的挟沙风暴；尘暴则是大风把大量尘埃及其他细颗粒物卷入高空所形成的风暴。

沙尘暴对人体的呼吸系统危害最大，浮尘中大量悬浮的颗粒物，尤其是细小颗粒最易被吸入呼吸道深处。大风使地表蒸发强烈，驱走大量的水汽，空气中的湿度大大降低，使鼻腔黏膜因干燥而弹性削弱，易出现微小裂口，防病功能随之降低，空气中的病菌就会乘虚而入。随着吸入鼻腔内的尘粒的增加，一旦超过鼻腔、肺本身的清除能力，就会导致肺及胸膜的病变。这些尘粒经过呼吸道沉积于肺泡，引发慢性呼吸道炎症、肺气肿等肺部疾病，还容易使患有呼吸系统疾病的人群旧病复发或病情加重。

全世界有四大沙尘暴多发区，分别位于中亚、中非、北美和澳大利亚。我国西北地区由于独特的地理环境，也是沙尘暴频繁发生的地区，主要源地有古尔班通古特沙漠、塔克拉玛干沙漠、巴丹吉林沙漠、腾格里沙漠、乌兰布和沙漠和毛乌素沙漠等。我国西北地区属于干燥气候带，昼夜温差大，夏季酷热，温度高达 50～60 摄氏度，冬季严寒，温度低达零下 30～零下 20 摄氏度；雨量极少，大多数地区全年降水量不到 250 毫米；风多而大，特别是风口地带，狂风到来时飞沙走石，内蒙古至新疆一带的沙漠每年 4 月有季节性强风，常形成沙

• 沙尘暴肆掠

流。鉴于这些气候特征，选择沙漠徒步季节时应尽量避开炎热的夏季和风季，通常9月至来年3月之间比较合适。

如果不幸遇到沙尘暴，千万不能惊慌失措，毫无计划地逃跑。风沙的运动有其固有的运动规律，首先要凭肉眼观察选择逃避的方向，只要避过风的正面，大都能化险为夷。同时，千万不要到沙丘的背风坡躲避，否则有被沙暴埋葬的危险。正确的做法是把骆驼牵到迎风坡，然后躲在骆驼的身后，戴好防风面具或纱巾，或用透气较好的衣服把头包住。此外，要注意经常抖动省体，以保证沙子不会将人掩埋。

5.3.2 流沙

流沙，简单地说就是沙像液体一样可以流动，也就是可以流动的沙。这是一种自然现象，常出现在地基不稳的沙漠，当有重物置于沙体之上，就像沉底一样，沉到底部。沙漠地区的流沙坑很难辨认，即使是富有经验并以此为生的沙漠向导也无能为力。加上沙漠的环境使水源和流沙坑随时可能改变地点，标记和记忆同样于事无补。

在很多电影作品中，我们会看到稍不注意，人就会掉进沙漠的流沙中，然后随着主人公不断的挣扎后，瞬间人就被流沙吞没了。那么现实中的流沙真的可以吞噬一切吗？其实，人如果真的掉进流沙当中，并不会像电影里那样，很快就陷下去

5 危机管理——如何强化应变执行力

了。因为人体的密度比沙子要小,所以流沙不会把人吞没。曾经有人做过试验,人体在经过流沙时,就会产生流沙液化的现象,人就像掉进沼泽地一样,慢慢地往下陷,但陷到腰部位置后,就会停止下来。

虽然试验表明流沙不会吞没整个人,但也有不少人对于试验数据表示怀疑。毕竟试验的流沙只有1米深,如果是几十米的流沙,说不好结果就不一样了。再加上人掉进流沙后,心里会极度恐惧,所以什么情况都有可能发生。

如果真的遇到流沙,应该怎么处理呢?首先要保持冷静,千万不要使劲挣扎或是猛蹬双腿,否则只会让人下陷得更快。

● 平静的沙海中暗藏危险

人们误以为通过摇动能使身体周围的沙子松动，从而有利于肢体从流沙中拔出。其实不然，这种运动只能加速黏土的沉积，增强流沙的黏性，胡乱挣扎人只会越陷越深。正确的做法是轻柔地移动双脚，让沙子尽量渗入挤出来的真空区域，这样就能缓解受困者身体所受的压力，同时让沙子慢慢变得松散。另外，还要努力让四肢尽量分开，因为身体接触沙子的表面积越大，得到的浮力就会越大。只要受困者有足够耐心、动作足够轻缓，就能慢慢地脱困。当然，最好的办法是放松身体，尽量高抬头部，保持呼吸顺畅，伸开双臂，增加浮力，然后想办法呼叫队友，让队友从外部进行救援。

5.3.3 海市蜃楼

海市蜃楼是光线在垂直方向密度不同的大气层中，经过折射造成的结果，常分为上现、下现和侧现海市蜃楼。

发生在沙漠里的海市蜃楼，就是太阳光遇到了不同密度的空气而出现的折射现象。沙漠里，白天沙石受太阳炙烤，沙层表面的气温迅速升高。由于空气传热性能差，在无风时，沙漠上空的垂直气温差异非常显著，下热上冷，上层空气密度高，下层空气密度低。当太阳光从密度高的空气层进入密度低的空气层时，光的速度发生了改变，经过光的折射，便将远处的绿洲呈现在人们眼前了。

5 危机管理——如何强化应变执行力

海市蜃楼虽然是一种自然现象,但是一直以来有关于它的各种传说不绝于耳,使得这种自然现象也变得越来越神秘。有人说在看到的海市蜃楼里从来都找不到原景,也有人说曾经在海市蜃楼里有看到过古代人,更有人说看到海市蜃楼就会死。

其实,海市蜃楼一般在海边或者沙漠地区出现,但是沙漠地区出现得非常少。如果在沙漠地区出现了,人们很可能信以为真,然后往海市蜃楼的方向走去,最后迷失方向,找不到出去的路。在沙漠中看到海市蜃楼还有一种可能就是人已经因为饥渴和疲惫而产生了幻觉,本身就出现了很大的问题,如果不能够及时得到休息跟水分的补充,那么人很有可能会死在沙漠之中,别人就以为是海市蜃楼害死了他。

● 沙漠中的海市蜃楼

因此，海市蜃楼本身并不会伤人，这只是一种自然景象，你只看得到，却摸不着。只有内心没有贪念，不要想着去寻找这个地方，将海市蜃楼当做一种景象来看，自然是不会有什么问题的。

5.4 生死之地：沙漠伤病防治

5.4.1 急救基础知识

知道如何对受了重伤的队友进行急救在任何情况下都是很重要的，这一点在沙漠徒步时尤为关键，因为那时没有医护人员，而且很可能在几个星期甚至几个月内都得不到医护人员的治疗。在发生休克、窒息或大出血等紧急情况时，必须立刻实施急救以挽救生命。

（1）休克的处理

休克本身并不是疾病，它只是一个症状，或者一系列症状的综合。导致这些症状产生的原因是体内血液流通不足，身体想努力补偿这个不足。外伤、中暑、过敏、严重感染、中毒或

5 危机管理——如何强化应变执行力

者其他原因都能导致休克。沙漠气候炎热，人们很可能因为中暑而休克。

休克的早期症状表现为皮肤苍白、脉搏快速跳动、四肢发冷、干渴、嘴唇干裂等，之后会出现头晕、不辨方向、莫名躁动、虚弱无力、发抖、出冷汗、小便减少等更严重的症状。如果休克越来越严重，会进一步产生以下症状：快速而微弱的脉搏，或者没有脉搏；不规则的喘气；瞳孔放大，对光线反应迟钝；神志不清，最终昏迷并死亡。

如果休克得不到正确医治可能会导致死亡，尽管导致休克的创伤可能并不严重致死。受了伤的人不管有没有出现休克症状，都应该接受以下治疗以防止或者控制休克。

如果患者是清醒的，让他躺在平坦的地方，下肢抬高20厘米。如果患者已经失去了知觉，让他侧躺或者面朝下，头部歪向一边，以防止他被呕吐物、血，或者其他液体呛着。如果拿不准采用什么姿势，就把患者放平。如果患者进入了休克状态，一定不要移动他。

尽量保持患者体温，有些时候，需要从外部给患者提供热量。如果患者浑身湿透了，尽快脱下他的湿衣服，换上干的衣服。如果有条件，也可以临时搭建一个避身场所，使患者与外界隔开。

从外部给患者提供热量可以采用以下方式：热的饮料或食

物；预热过的睡袋；他人体温；壶装热水；用衣服包住的热石块；或者在患者两边生火。不过，只有在患者清醒的时候才可以喂他热的饮料或者食物。如果患者失去了知觉，或者腹部受了伤，不要给他喝任何东西。

如果你是孤身一人，有休克症状时应该找一个地方躺下，洼地或者其他可以避开风沙的地方都可以，要使头部比脚部低。尽量保持体温，并且休息至少24小时。

（2）窒息的处理

人体的呼吸过程由于某种原因受阻或异常，所产生的全身各器官组织缺氧、二氧化碳潴留（指液体与气体在体内不正常地聚集停留）而引起的组织细胞代谢障碍、功能紊乱和形态结构损伤的病理状态称为窒息。

许多原因都会导致气管阻塞，从而使人窒息。例如口腔或者喉咙里有异物阻塞了气管；面部、颈部受伤，或者颈部屈折；口腔、喉咙或者气管发炎肿胀。炎症可能是由于吸入了烟火或刺激性烟雾，也有可能是对食物、昆虫叮咬、植物或其他东西过敏引起的；失去知觉。这会导致下颚和舌头肌肉完全放松，如果颈部向前弯曲，下颚随之下垂，舌头往后退，就会阻住气流入肺的通道。

呼吸道阻塞的症状包括：患者呼吸困难，大口大口地喘气；患者颈部前面的肌肉明显凸出，但是却听不到呼吸的声

5 危机管理——如何强化应变执行力

音,感觉不到有气体从口腔或鼻腔进出;皮肤青紫。患者嘴唇、耳朵、手指周围的皮肤明显变青或者变得苍白,有时甚至是全身的皮肤都会变色。

不管什么原因,窒息的后果都是非常严重的。如果肺部空气供给不足,随之而来的就是脑部受损,最终导致死亡,这个过程可能仅仅发生在几分钟内。因此,必须在最短的时间内使患者的呼吸道恢复畅通,具体步骤如下。

①清理患者的口腔,用手指抠出患者嘴里的任何异物。

②调整患者的姿势,抬起头部,以扩大呼吸道容量。立即让患者面朝上平躺着,并抬起他的下巴。将患者的头部尽量往后抬,使得他颈部紧紧绷直。这样做时,一只手放在患者脖子后面用力抬,另一只手放在患者额头往后推,这个动作通常会使患者的嘴自然张开。如果有捆成卷的毯子、雨披,或者其他类似的东西,可以垫在患者肩部以保持他的姿势,不过不要为了获取这些东西而浪费时间。如果抬起头部使得呼吸道通畅了,患者开始呼吸,就不要再继续以下步骤,否则继续进行步骤③。在剩下的所有步骤中都要让患者保持头部向后仰。

③强迫空气进入肺中。捏住患者的鼻子,通过他的嘴迅速吹入两三口气,观察患者胸部的动作,看空气是不是进入了他的肺。这种强迫呼吸可能足够使他恢复自然呼吸,或者清除出呼吸道中微小的阻塞物。如果患者的胸部随着强迫吹气而一

上一下,表明呼吸道已经通畅了,如果还没有起作用,继续步骤④。

④抬升下巴。加强颈部的紧绷程度,使舌头不再阻塞呼吸道,可以用下面任何一种抬升下巴的方法。

a. 拇指法。把拇指放在患者的嘴里,其他四指紧紧抓住患者的下巴向上抬。不要试图压下舌头。

b. 双手齐下法。如果患者嘴闭得很紧,无法把拇指伸入他的口中,那么就可以采用这种方法。双手沿着耳垂握住患者的下巴用力往上抬,使患者的下排牙齿向前超出上排牙齿,用双手拇指强推患者下嘴唇,使之双唇张开。

一旦患者的舌头伸到足够靠前的位置,要迅速朝他口中吹气,看他的呼吸道是否通畅,如果患者胸部仍无起伏,继续步骤⑤。

⑤清理呼吸道。当抬高患者头部、强迫呼吸、最大程度伸展下巴等努力都失败之后,那么很可能异物已经进入患者喉咙深处,而第一个步骤的快速清理没有起效。这时需要采取以下方法来取出异物。

a. 手指深挖。用食指沿着患者上颊伸入舌根部位,把食指当作一个钩子,尽力把异物一点一点往上钩,钩到手够得着的位置,然后取出。

b. 背部敲打。让患者侧身躺着,在他的肩胛骨之间用力敲打几下，然后把食指伸到患者嘴里去检查一下异物是不是已经出来了。

c. 腹部推挤。如果患者坐着或者站着，你可以站到他的身后，用双臂环抱住他的腰部，双手抱拳，把拳头拇指所在的一边放在患者胸骨最底端和肚脐之间，压住患者胸部，然后快速向上推挤。如果需要，重复进行这个动作。

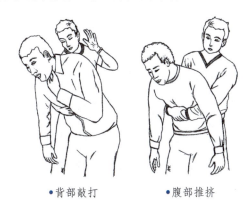

● 背部敲打　　　　● 腹部推挤

d. 如果患者躺着，要让他面朝下，背朝上，然后靠近他臀部跪下，用一只手的手掌底部抵住他的胸部，另一只手压在这只手上面，然后快速做向上推的动作。如果需要，重复这个动作。

e. 把背部敲打和手部推挤结合起来，尤其当呼吸道上部被阻塞时，结合使用这两个动作比较有效。

如果上述步骤均未奏效，则说明患者呼吸道阻塞非常严重，那么需要立刻进行环甲膜切开手术（制造一个人工呼吸道），否则患者很可能会没命。这个手术是在甲状软骨和环状软骨之间开一个小口，让空气直接进入气管，而不再通过气管以上的通道。需要注意的是，这个手术需要专门的知识和训练，非职业医护人员只能在别无选择时尝试这个方法。具体步骤如下。

①把患者放在平坦的地方，头部后仰，使颈部绷直。

②如果时间允许，用水和肥皂清洗患者皮肤，并抹上消毒药。

③用手指确认环状甲状软骨的膜的位置。男人的甲状软骨就是喉结，位置很容易找到。而环状软骨就在甲状软骨下面，它没有甲状软骨大，但是差不多有甲状软骨的两倍厚，它构成气管的剩余部分。膜位于甲状软骨和环状软骨之间，称之为环甲膜。在这个地方，呼吸道就靠这层环甲膜及皮肤和外界隔开。

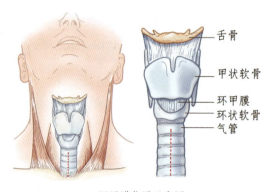

• 环甲膜位置示意图

5 危机管理——如何强化应变执行力

④拎起环甲膜上的皮肤,用解剖刀、刀片、小刀,或者其他任何锋利的工具,在皮肤中间垂直切开一个约1.2厘米深的小口。

⑤用手指翻开切口,露出环甲膜,横向切开一个口子,露出气管内壁。环甲膜上的切口打开之后必须保持开口状态,保证空气能够进出气管,可以在切口中小心地插入一根干净的管子。管子插好之后,马上就能够听到空气进出切口的声音。

⑥保护切口。管子插入之后,用绷带或者布条小心绑在脖子上,管子必须固定好,防止脱落,或者抵住气管内壁。开口必须保持到医护人员接管患者为止,或者患者恢复知觉不再需要这个切口为止(肿胀消除,患者可以正常呼吸)。管子移开以后,伤口会自行愈合,不需要消毒以及不透气的包扎。

(3)大出血的处理

人体任何部位的主动脉大出血都是极其危险的。失血1.1升会导致轻度休克,失血2.3升就会严重休克,这时就相当危险了,失血3.4升通常就会死亡。在沙漠中,一旦出现严重出血,必须马上加以控制,因为输血通常是不可能的,患者随时都会死亡。

控制人体外部出血的主要方法为直接按压、抬高肢体,或者用止血带。

①直接按压。控制外部出血最有效的方法就是直接按住伤

口，按压不但要有力以止住流血，而且要保持足够长的时间来使伤口表面闭合。

实施按压措施时，首先要用手指或者手掌直接按住流血处，如果有消过毒或者干净的敷布，按压时可以盖在伤口上，不过不要浪费时间去找这些东西。一定要用力按住，尽管是直接按在伤口上，也要用力按到止住流血为止。在这个过程中，最好不要松开手去检查血是不是已经止住了。用力压 30 分钟，然后松开手检查。通常情况下，30 分钟已经足够血流止住了。

如果 30 分钟的按压还不能止血的话，那就需要用敷布来压迫伤口。敷布由厚厚的纱布或者其他相配的材料组成，直接包敷在伤口上，然后用绷带牢牢绑住。绷带对伤口周围造成压力从而止住流血。敷布应该绑得比平常的绷带紧，但是不能紧到危害肢体其余部分的血液流通。如果发现以下情形，就说明绷带绑得太紧了：摸不到脉搏，指甲和皮肤变成紫色，绷带附近的肢体有刺痛或者疼痛感。

敷布一旦绑上就不要拿下来，即使出血还在继续。如果绷带被血浸透了，说明已经不能产生足够的压力止住流血，那就需要增加压力，可以再绑一块敷布覆盖在原来的敷布上面。在绑另外一块敷布时需要抬高受伤的肢体，同时用手指压住伤口。

敷布需要保留 1～2 天，之后拆掉重新换一块小一点的敷布。在此期间，需要经常检查敷布和伤口，看看出血是不是已经止住了，血液流通是否顺畅，有没有感染。如果不这么做，一旦出现血液流通不畅的问题，就很容易导致生坏疽或者冻伤，严重时甚至会肢体坏死。

②抬高肢体。尽量抬高受伤肢体，使之高过心脏，这样可以帮助血液回流至心脏，并且降低伤口的血压，从而减少流血。不过，单纯地抬高肢体并不能完全止住流血，还必须同时压住伤口。

③止血带。只有当直接按压和抬高肢体都未能成功止血时，才需要用到止血带。直接施压是非常有效的措施，所以止血带通常很少用到，而且因为下列原因，一般不建议使用止血带：止血带如果绑缚正确的话，止血带内肢体的血液流动会被阻止，导致肢体的组织损伤。如果止血带绑缚的时间太长，损伤会逐渐严重，导致坏疽产生，最后使整个肢体坏死；止血带可能阻止静脉血液流通，却不能阻止动脉血流通，从而造成比用止血带前更厉害的动脉出血；止血带如果绑得不正确，会导致绑扎部位的神经以及其他组织永久性受损。

如果必须使用止血带，可以用牢固、柔软的材料，诸如纱布、大块手帕、三角绷带、毛巾等材料临时做一个止血带。为了把对神经、血管以及其他皮下组织的损害减少到最小程度，止血带在包扎前最好是 8～10 厘米宽，包扎后至少 2.5 厘米宽。

包扎止血带的步骤如下。在肢体的伤口和身体之间，位于伤口上方 5～10 厘米的地方绕好止血带。切记不要把止血带直接置于伤口或骨折之处；将止血带绕肢体两圈，打一个半结，然后放一根短棍或者类似东西在结上，再打一个双结使之固定；把短棍当作把手用，拧紧止血带，紧到能止血就行了。绑止血带前，如果能摸到肢体上的脉搏，那么绑完之后检查一下，如果摸不到脉搏，说明止血带已经绑得足够紧了；绑紧止血带后，把短棍的另一端固定在肢体上，防止松开；固定好短棍之后，清洁、包扎伤口。如果你是孤身一人，绑好止血带之后就不要再松开它。

5.4.2 常见沙漠伤病防治

（1）中暑

中暑是指由于高温或引起高热的疾病使人体体温调节功能紊乱，而发生的综合征。根据中暑症状的轻重，可以分为先兆中暑、轻度中暑和重度中暑。

先兆中暑是指出现轻微的头晕、头痛、耳鸣、眼花、口渴、浑身无力及行走不稳等症状。轻度中暑是指除以上症状外，还出现体温升高、面色潮红、胸闷、皮肤干热，或有面色苍白、恶心、呕吐、大汗、血压下降、脉细等症状。重症中暑

5 危机管理——如何强化应变执行力

是指除上述症状外,出现昏倒痉挛,皮肤干燥无汗、体温40摄氏度以上、严重脱水导致休克等症状。

重症中暑又可分四种类型。

①热痉挛。在高温环境下进行剧烈运动大量出汗,活动停止后常发生肌肉痉挛,主要累及骨骼肌,持续约数分钟后缓解,无明显体温升高。热痉挛也可为热射病的早期表现。

②热衰竭。严重热应激时,由于体液和体钠丢失过多引起循环容量不足所致。表现为多汗、疲乏、无力、头晕、头痛、恶心、呕吐和肌痉挛。体温轻度升高,无明显中枢神经系统损伤表现。

③热射病。这是一种致命性急症,主要表现为高热(直肠温度≥41摄氏度)和神志障碍。早期受影响的器官依次为脑、肝、肾和心脏。

④日射病。这是因为直接在烈日的曝晒下,强烈的日光穿透头部皮肤及颅骨引起脑细胞受损,进而造成脑组织的充血、水肿。由于受到伤害的主要是头部,所以最开始出现的不适就是剧烈头痛、恶心呕吐、烦躁不安,继而可出现昏迷及抽搐。

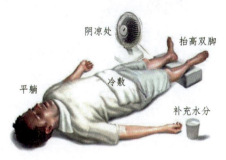

• 中暑后的急救措施

一旦出现中暑症状,应迅速脱离高热环境,转移至通风好的阴凉地方。如果有条件,可平卧在床,解开衣扣,用冷毛巾敷头部。如果意识清醒,可饮服淡盐水。如果出现高烧、昏迷、抽搐等症状,应该侧卧,头向后仰,保持呼吸道通畅,并尽快向医护人员求助。

(2)晒伤

沙漠气候炎热,很容易引发晒伤,被炙烤过的沙子也容易灼伤皮肤。一般晒伤的主要症状就是皮肤发红和疼痛,严重的可能出现肿胀、起水泡,甚至引发发烧和头疼等症状。

预防晒伤,首先要尽量避免长时间在高温下行走,其次要正确穿戴防晒服饰,并涂抹防晒霜。如果不幸被晒伤,也不必

● 白天在沙漠中行走必须注意防晒

惊慌，可根据晒伤程度采取相应的治疗措施。如果晒伤程度较轻，只要不再继续暴晒，一般2～3天即可自愈。如果出现脱皮等严重晒伤，考虑到高温、多汗容易引起感染，为了防止感染，千万不要用手撕脱皮，也不用能太热的水洗脸、洗澡，这样只会使皮肤发干，加重脱皮；可用偏凉的温水洗浴，同时还要避免使用肥皂等容易引起晒伤肌肤过敏的产品。

对于爱美的女性来说，严重晒伤后肌肤处于脆弱敏感阶段，千万不能使用化妆品和美白产品，否则会给肌肤带来更多的负担和刺激，使得肌肤复原的速度大大降低。

（3）冻伤

冻伤是低温袭击所引起的全身性或局部性损伤，多发生在手指、脚趾、手背、足跟、耳郭、鼻尖、面颊部等处。沙漠中的低温是容易被忽略的风险，在太阳落山后，沙漠中的温度会骤然降低，所以温标足够低的睡袋和保暖的衣物也是必不可少的。

夜间在沙漠中活动或露营，穿着一定要暖和，同时增加蛋白质和脂肪摄入量，保证合理的营养供给。不要把易受冻的部位暴露在外面，如手、脸部、耳朵。戴一双暖和的手套，要扎紧手套、衣服和裤子的袖口，防止风沙侵入衣服内，脸上可戴上护脸套，耳朵也要戴上耳罩，这样才能防止这些敏感的部分发生冻伤。另外，不要站在风比较大的风口处。被冻伤的局部，在初期可能没有明显刺痛感或是某种现象，因此要随时注意观察自己易被冻伤的部位，也可以叫队友观察自己是否有冻伤症状。

如果发生一度冻伤，可让自己主动活动，并按摩受冻部位，促进血液循环。另外，可用辣椒、艾蒿、茄秆煮水熏洗、热水（不能太烫）浸泡，再涂以冻疮膏即可；如果发生二度冻伤，水疱可在消毒后刺透，使黄水流出再包扎，伤口已破溃者按感染伤口处理；如果发生三度冻伤，应尽快脱离低温环境，保暖，促进肢体复温，不可用火烤或温水浸泡，否则会加重冻伤；当全身冻伤者出现脉搏、呼吸变慢的话，就要保证呼吸道畅通，并进行人工呼吸和心脏按摩。要渐渐使身体恢复温度，然后寻求专业治疗。全身体温过低的伤员，为促进复温，可采用全身浸浴法，浴水温度保持在35～42摄氏度之间。

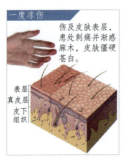  

• 冻伤程度示意图

5 危机管理——如何强化应变执行力

（4）原发性缺水

原发性缺水又称高渗性缺水，即水和钠同时丧失，但缺水多于缺钠，故血清钠高于正常范围，细胞外液呈高渗状态。引起原发性缺水的原因，一是摄入水量不足，如昏迷导致不能进食、食管疾病导致吞咽困难等；二是水分丧失过多，未及时补充，如高热、大量出汗、大面积烧伤、气管切开、胸腹手术时内脏长时间暴露、糖尿病昏迷等。

根据症状不同，一般将原发性缺水分为三度。

①轻度缺水。除有口渴外，多无其他症状。缺水量为体重的2%~4%。

②中度缺水。有极度口渴，伴乏力、尿少、尿比重高。唇干舌燥、皮肤弹性差、眼窝凹陷，常有烦躁。缺水量为体重的4%~6%。

③重度缺水。除上述症状外，出现躁狂、幻觉、谵语、甚至昏迷等脑功能障碍的症状。缺水量为体重的6%以上。

对原发性缺水患者，应尽快补充已丧失的液体，可静脉输注5%葡萄糖或低渗盐水溶液。补水量可根据临床表现的严重程度而定，例如中度缺水的缺水量为体重的4%~6%，补水量约为2.5~3升。当日先给补水量的一半，另一半在次日补给，此外，还应补给当日需要量。在补水同时应适当补钠，以纠正缺钠。

（5）肌肉酸痛

肌肉酸痛是生活中正常的生理表现。运动过后身体会产生一种叫"乳酸"的产物，人体运动是需要能量的，人体进行超强度的徒步后，身体产生的代谢物不能通过呼吸排除，这就形成了乳酸。

剧烈活动会使肌肉的肌纤维排列发生变化，部分的肌纤维会轻微发炎。这种炎症与乳酸产生的酸痛在时间上有区别，通常出现在运动后的第三天，如果在第三天之后肌肉还持续性地酸痛，表明运动负荷太大。

参加超长距离徒步的人下肢部分肌肉比较容易出现隔日肌肉酸痛，在完成活动后，下肢肌肉的细胞受到的损伤通常非常大，一些细胞已经分解和死亡。产生酸痛的时间依据个人情况而不同，经常锻炼的人酸痛的时间可能只有一到两天，而不经常活动的人酸痛可能会持续一周左右。一般来说，酸痛的程度随着时间的延长会逐渐消失。

通过观察发现，腿部肌肉力量强壮，特别是股四头肌强壮的人肌肉酸痛的情况明显比一般人好一些。另外，股四头肌和腓肠肌力量平衡的人、柔韧性好的人出现酸痛的情况也会减少。

缓解肌肉酸痛的方法有以下几种。

①多休息。休息能减缓肌肉酸痛的现象，可促进血液循

环，加速代谢产物的排出，消除肌肉酸痛部位营养的供给与修复，使之恢复正常。所以运动之后要多休息，缓解疲劳。

②伸展运动。在休息时，不要忘了对酸痛局部进行静态牵张练习，也就是进行伸展运动。

③按摩。对肌肉酸痛的部位进行按摩，使肌肉酸痛部位放松，促进血液循环，加快乳酸的分解速度，减缓肌肉酸痛的程度。

④热敷。用热毛巾在肌肉酸痛的部位进行热敷，促进血液循环，加快新陈代谢，缓解肌肉酸痛带来的疼痛。

⑤用药。可以选用适当的药膏涂抹肌肉酸痛部位，或服用消炎药，来缓解酸痛。

（6）毒蛇咬伤

在沙漠地区有许多种类的蛇，其中响尾蛇和珊瑚蛇是常见的有毒种类。

响尾蛇呈沙黄色，头部阔箭头形，尾巴可发出格格响声，在灌木丛、沟渠、石堆旁等处多见。珊瑚蛇较小，长度很少超过1.5米。它长有很小的、钝顶的、黑色的头和逐渐变细的尾巴，宽的红色、黑色的带条被窄的黄色的带条分开，完全环绕在身上。

响尾蛇和珊瑚蛇一般只在遇到严重挑衅的情况下才会攻击人。因此，在沙漠中遇到这类毒蛇，千万要保持镇定，在没

· 沙漠中的响尾蛇

· 珊瑚蛇

有能力杀死它之前，最好不要主动进攻。如果被毒蛇咬伤，一定要保持镇静，不要剧烈奔跑，应立即坐下或卧下，以减慢人体对蛇毒的吸收和蛇毒在人体内的传播速度，减轻全身反应。与此同时，按以下步骤进行急救。

①立即用柔软的绳或带子扎在伤口近心端，如果手指被咬伤可绑扎指根；手掌或前臂被咬伤可绑扎肘关节上；脚趾被咬伤可绑扎趾根部；足部或小腿被咬伤可绑扎膝关节下；大腿被咬伤可绑扎大腿根部，以阻断静脉血和淋巴液的回流，减少毒液吸收，防止毒素扩散。绑扎无须过紧，它的松紧度掌握在能够使被绑扎的下部肢体动脉搏动稍微减弱为宜。绑扎后每隔30分钟左右松解一次，每次1~2分钟，以免影响血液循环造成组织坏死。

②立即用凉开水、泉水、肥皂水或1∶5000高锰酸钾溶液冲洗伤口及周围皮肤，以洗掉伤口外表毒液。

③如果伤口内有毒牙残留，应迅速用小刀或碎玻璃片或其

他尖锐物挑出，使用前最好用火烧一下以消毒。

④以牙痕为中心十字形切开，深至皮下，然后用手从肢体的近心端向伤口方向及伤口周围反复挤压，促使毒液从切开的伤口处排出体外，边挤压边用清水冲洗伤口，冲洗挤压排毒须持续20～30分钟。

⑤如果伤口里的毒液不能畅通外流，可用吮吸排毒法。随身带有茶杯可对伤口进行拔火罐处理，先在茶杯内点燃一小团纸，然后迅速将杯口扣在伤口上，使杯口紧贴伤口周围皮肤，利用杯内产生的负压吸出毒液。如无茶杯，也可用嘴吮吸伤口排毒，但吮吸者的口腔、嘴唇必须无破损、无龋齿，否则有中毒的危险。吸出的毒液随即吐掉，吸后要用清水漱口。

⑥排毒完成后，伤口要湿敷以利毒液流出。

⑦若身边备有蛇药可立即口服以解内毒。具体用什么蛇药，应根据当时当地能立即采到为原则，灵活运用。

⑧伤员如出现口渴，可给清水饮用，切不可给酒精类饮料，以防止毒素扩散加快。

除非肯定是无毒蛇咬伤，否则经过切开排毒处理的伤员也要尽快赶到医院接受专业治疗。

（7）蝎子蜇伤

蝎子有一个弯曲而尖锐的尾针与毒腺相通，刺入人体后可注入神经性毒液。受伤处大片红肿并带有剧痛。严重者可出现

• 沙漠中的蝎子

寒战、高热、恶心呕吐、肌肉强直、呼吸增快、脉搏细弱，最终因呼吸衰竭而死亡。

一旦发现被蝎子蜇伤，处理原则基本与毒蛇咬伤相同。因蜇伤后当时很难判断预后，均应按重症处理。立即用鞋带、布条等绑扎伤口的近心端，以阻止毒液吸收。绑扎的松紧以阻断淋巴和静脉回流为准，即绑扎肢体远端动脉搏动略减弱。

绑扎完成后，再以小刀、碎玻璃片等尖锐物品火烧消毒后十字形切开伤口，深达皮下，拔出毒针，用弱碱性液体（如肥皂水、淡氨水）冲洗伤口，由绑扎处向伤口方向挤压排毒，持续20～30分钟，或用拔火罐法排毒。身边带有解毒药者可立即服用，并用水将药片调成糊状，在距伤口2厘米处外敷一圈，注意不要使药物进入伤口。

经过上述处理后，一般可松开近心端的绑扎带。若伤口周围皮肤红肿，可用冷毛巾或冰袋冷敷。同时，尽量多喝水，以利进入体内的毒液尽早排出。但要禁止饮酒。

（8）蜥蜴咬伤

蜥蜴是爬行动物中种类最多的族群，全世界已知超过

4000种，主要分布于热带，在沙漠地区比较常见。蜥蜴大多无毒，已知的毒蜥只有希拉毒蜥和危地马拉珠毒蜥两种，都分布在北美及中美洲。毒蜥

● 沙漠中的蜥蜴

的下颌有毒腺，毒液通过导管注入口腔，再经毒牙的沟注入被毒蜥咬住的伤口内。人被毒蜥咬伤有痛感，但极少致命。

不过，无论什么类型的动物造成的咬伤，伤口都可能被动物口腔黏液中的细菌感染，被没有毒的蜥蜴咬伤也是一样的，这种局部感染是造成之后的损伤的主要原因。因此，在沙漠活动时应尽量避免被蜥蜴咬到，也不要轻易食用蜥蜴。一旦被蜥蜴咬伤，可采取与被蛇咬伤大致相同的急救方法。

（9）野兽袭击

野兽对人造成的伤害，主要是咬伤、抓伤、踩踏伤和撞击伤。咬伤和抓伤通常有出血伤口，并带有致病微生物的沾染，因此可能继发感染。一般的咬伤和抓伤所继发的感染，病菌是金黄葡萄球菌、溶血性链球菌、大肠杆菌、拟杆菌、破伤风梭菌等，最严重的是狂犬病毒。被野兽咬伤和抓伤后应立即处理伤口。先用等渗盐水反复冲洗，用干纱布蘸干净伤口，以70%酒精或碘伏消毒周围皮肤。较深的伤口需用3%过氧化氢冲洗，

• 沙漠中的狼

必要时稍扩大伤口,不予缝合,以利引流。如果没有办法判定野兽是不是携带狂犬病毒,那就假定它患有狂犬病,如果有血清,一定要及时注射。

5.4.3 个人卫生

在任何情况下,保持身体清洁都是预防感染和疾病的重要因素,在沙漠徒步时,这一点尤为重要。糟糕的卫生状况会影响人的意志,也会降低行动效率。

(1)洗澡

每天用肥皂洗一个舒服的热水澡,无疑是最理想的个人清洁方法。当然,这一需求在沙漠环境下往往难以实现,但即使没有这些"奢侈品",人一样能够保持清洁。如果没有热水,可以用一块布和肥皂水擦洗自己。如果没有肥皂,可以用草木灰或者沙子代替。如果水资源紧张,可以选择"空气浴":根据实际情况,尽可能多地脱掉衣服,让身体暴露于阳光和空气中。

(2)清洁双手

俗话说"病从口入",手上的细菌会污染食物,感染伤口。在接触了任何可能携带细菌的物体之后、上完厕所之后、照顾病患之后，接触任何食物、餐具前或者喝水前，切记要洗净双手。另外，要随时保持指甲干净整洁，不要把手指放入嘴里。

（3）清洁头发

人的头发可能会成为跳蚤、虱子或者其他寄生虫或细菌的栖身地。保持头发干净，修剪整齐，可以避免这些危险。跳蚤和虱子寄生于温血动物身上，吸血为生，是危险病菌的携带者。例如，啮齿动物就很可能会携带跳蚤和虱子，所以杀死一只啮齿动物后，记住要等它身体完全变冷，跳蚤和虱子都跑了之后再去处理。虱子粉是去除跳蚤和虱子的最好方法。如果没有虱子粉，也有其他一些方法，例如把衣服放在阳光下长时间曝晒，经常用热肥皂水清洗等。

（4）清洁衣服

衣服和被褥是长期贴身接触的物品，必须尽可能保持干净整洁，减少皮肤感染以及寄生虫的滋生机会。外衣脏了要及时清洗，每天都要换洗内衣和袜子。如果缺水，就将衣服用力抖动，然后置于空气和阳光下曝晒。睡袋每次使用之后都要翻过来抖一抖，白天不使用睡袋的时候将其晾晒起来。

（5）清洁牙齿

如果随身携带了牙刷和牙膏，就要保证每天至少彻底清洁一次牙齿和口腔。如果没有牙刷，可以找一根长约20厘米、宽约1厘米的小树枝，做一根"咀嚼棒"。将其一端嚼开，使树枝的纤维分开。然后，用这根咀嚼棒彻底清洁牙齿。另一种方法就是在手指上缠一根干净的布条，擦去牙齿上的食物残屑。如果需要，还可以用一点沙子、小苏打、盐或者肥皂刷牙。至于齿缝间的污垢，可以用牙签、小树枝、牙线，或者用树皮、藤条剥下来的细条等剔除。

（6）清洁双脚

沙漠道路崎岖不平，双脚的负担很重，因此每天都要清洗并按摩脚部，剪平指甲。鞋里要垫上鞋垫，袜子要合脚、干爽。每天检查脚上有没有长水泡，如果长了水泡，不要弄破它，因为没有破损的水泡不会感染。可以在水泡周围敷上药膏，但不要直接敷在水泡上。另外，还可以放一块衬垫在水泡

• 沙漠徒步对双脚的伤害较大

周围，以减轻其承受的压力、减少摩擦。如果水泡破了，要清洗干净，用绷带包扎好。

如果水泡较大，为了避免水泡在压力之下破损并造成疼痛和伤口，可以按照以下方法处理。找一根缝纫针和一根干净的线，用针和线穿过水泡。把针从线上拿下来，使线的两头都在水泡之外。线将会吸收水泡中的液体。这会使水泡的破损口较小，而且不会闭合。

沙漠生存铁律：墨菲定律

沙漠场景

在沙漠中，沙尘暴是非常可怕的自然灾害，我们常常祈祷自己不要遇上它，但是往往事与愿违，越是怕什么就越会遇上什么。除了沙尘暴，沙漠中还有很多未知的危险，例如高温、流沙、毒虫、迷失方向等，虽然这些危险发生的概率较小，但我们也不能盲目乐观并放松警惕，它们往往会在不经意中出现。

商业案例

在商业世界中，因盲目乐观而导致决策失误的案例不在少数。

在 2018 年第 75 届威尼斯电影节上，捧走了最高奖项金狮奖的奈飞公司，就曾犯过类似的错误。

奈飞公司是一家集制作、发行、播放为一体的数字电影租赁公司，其市场占有率超过了所有其他视频网站的总和，是当之无愧的媒体巨头。2011 年，获得巨大成功和众多用户拥趸的奈飞公司宣布，将新的视频流业务从租赁业务中分离出来，若用户想同时体验两种业务，需额外付费。此举一出，众人哗然，激怒了不少奈飞粉丝。当下，奈飞公司不仅流失了 80 万用户，股价也下跌超过了 25%。不到一个月后，公司 CEO 里德·哈斯廷斯被迫向公众道歉，并撤销了这个决定。3 个月后，哈斯廷斯承认自己犯了"过度自信"的错误，没有考虑到用户的利益。

从奈飞公司过于武断的决策来看，正是这种"乐观主义偏差"，钝化了其对潜在问题的感知，从而酿成了糟糕的结果。

定律阐释

墨菲定律是一种心理学效应，是由爱德华·墨菲提出的。墨菲定律的根本内容是：如果事情有变坏的可能，不管这种可能性有多小，它总会发生。

爱德华·墨菲是美国爱德华兹空军基地的上尉工程师。1949 年，他和他的上司斯塔普少校参加美国空军进行的 MX981 火箭减速超重试验。这个试验的目的是为了测定人类对加速度的承受

5 危机管理——如何强化应变执行力

极限。其中有一个试验项目是将16个火箭加速度计悬空装置安装在受试者上方,当时有两种方法可以将加速度计固定在支架上,而不可思议的是,竟然有人有条不紊地将16个加速度计全部装在错误的位置。于是墨菲得出了这一著名的论断:如果做某项工作有多种方法,而其中有一种方法将导致事故,那么一定有人会按这种方法去做。

从企业管理的角度来说,正确认识墨菲定律非常重要。由于小概率事件在一次试验或活动中发生的可能性很小,因此,就给人们一种错误的理解,那就是基本上不会发生,从而泰然自若。但刚好与事实相反,正是由于这种错觉,麻痹了人们的安全意识,加大了事故发生的可能性,而且一旦发生了,往往会造成无可挽回的重大损失。因此,在企业制定战略时,一些小概率事件也要考虑进去,尽量做到算无遗策。小概率的概率毕竟大于0,而不是等于0。

沙漠心语:不打无准备之仗

这是我第一次以徒步的方式走进沙漠。坦白说,三天五十多公里的沙漠徒步,无论是身体还是心理上都远远超出了我这个从不锻炼的人的极限。

回头来看我能够走完全程，与大漠商学院整个产品设计的科学性是分不开的，无论是在行程的规划、沿途的保障体系，还是抵达营地后的餐饮安排及分享课程等等细节对我走完全程，都是至关重要的。

此外，我觉得还有一个很重要的因素就是爱。出发之前因为忙我的装备完全是由我太太安排的。她特意画了一个图在我上路的时候发给我，这令我非常感动！因为她充分细致的准备让我的身体得到充分的保护。

大漠商学院 2018 届 8 班

爱驾传媒创始人

李克崎

在沙漠行走中，一个团队最重要的是领袖，其次，路线确定后，一定要做好计划，坚持执行。同时进行一项未曾做过的事情，经验十分重要，要相信专业的力量。

徒步沙漠，联想到从黑天鹅到灰犀牛，从吴晓波企投会到群象岛读书会，再到魔方法则，创新、创业、变革。

大漠商学院 2017 届 7 班

河南新纪元广告有限公司董事长

栗鹏举

5 危机管理——如何强化应变执行力

  陪伴、守护、希望是徒步沙漠的关键词,坚持、健身、特立独行是我的个人表现。前几年爬山,爬几步都受不了,这个沙漠徒步,轻松自然,企业发展如同徒步一样。

大漠商学院2017届7班
河南兰贵装饰设计工程有限公司董事长
李美萱

  我们可能看到的这个路线是最艰难的,但实际上我们走过去以后发现是一个安全期,而且这里面我们实际上借助的是一个团队的力量,而且有专业的旅行故事这样一个团队对我们进行支持。

大漠商学院2018届1班
小明出行创始人兼首席执行官
田海玉

  感悟不赶路,路有终点,而感悟无止境。走出你的沙漠,人生处处有沙漠,努力终有走出时。打开生命的空间,生命本来绚丽多彩,别执着于自己空间的范围。我从这次的徒步体会到的,是作为一个徒步沙漠的行者的勇敢坚持和自身所散发出来的无穷力量。

大漠商学院 2018 届 19 班

中原理财联盟发起人

范静

  脚踩黄沙，背着背包，眼前是一望无际的金色沙丘，脑海里呈现过无数次的画面，以身践行，这是对大自然的敬畏，更是对自己内心征途的诠释。而徒步沙漠和创业似乎又有着异曲同工之妙，徒步沙漠是艰难的，创业更是一项艰难的过程，而这种艰难恰恰成为二者紧密结合的纽带。也正因如此，大批的企业家以及企业高管才会义无反顾地来到沙漠，磨炼身心，助力未来。此次沙漠徒步使自己回归到原始的状态，重塑自己的内心，就像经历了一次洗礼，征服沙漠更征服了自己。

  来一场一生难忘的徒步穿越之旅，无论从挑战程度还是惊艳程度来说，都将在你我的人生中画下无与伦比的一笔！

大漠商学院 2018 届 19 班

北京市联创立源科技有限公司董事长

范军

5 危机管理——如何强化应变执行力

人生长河,繁星点点。不论自信与否,即便挣扎闪耀,也要努力追随,划破天际,点缀只属于自己的那片天空。

大漠商学院 21 班

GAT 全球农资思董会

北京裕丰金必来农业科技有限公司董事长

付荣军

6

盘点——三省吾身谓予无愆

沙漠徒步是一次洗涤心灵的旅行，旅程中会发生许多让人难忘的事情，这些宝贵的记忆将是个人和企业的重要财富，指引我们继续前行。

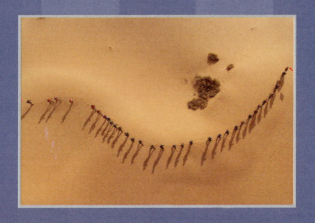

6 盘点——三省吾身谓予无愆

沙漠生存铁律：跳蚤效应

沙漠场景

沙漠地区地域辽阔，头顶的烈日、扑面的沙尘、崎岖的沙丘等不利因素都会消磨人的意志，使人觉得永远也走不到终点。此时，若能给自己设定一个合理的目标，往往就能让自己重整旗鼓，坚持走到目的地。这样一个小目标接着一个小目标，累积起来就能让自己成功走出沙漠。

商业案例

在美国，有一个声望极高的奖项——美国国家质量奖。它象征着美国企业界的最高荣誉。赢得此奖的企业，必须是能生产全国最高质量产品的企业。为赢得该项奖，摩托罗拉公司从1981年就加入了竞争。它派了一个小组，分赴世界各地考察表现优异的制造厂商，力求大幅度降低工作中的错误率，结果不合格品率降低了90%。但摩托罗拉公司仍不满意，又设定了新的目标：所生产的电话合格率要达到99.997%。1988年，66家公司开始竞夺美国国家品质奖。大部分参赛单位实际上都是一些像IBM、柯达、惠普等大公司的某一部门，但摩托罗拉公司却以整个公司为单位参加竞赛，并以绝对的优势轻松夺魁。

定律阐释

"跳蚤效应"来源于一个有趣的生物实验，生物学家往玻璃杯中放入一只跳蚤，跳蚤轻易地就跳出来了。再把这只跳蚤放入加盖的玻璃杯中，结果它一次次跳起，一次次被撞。最后，这只跳蚤变得聪明起来，它开始根据盖子的高度来调整自己所跳的高度。一周之后取下盖子，而跳蚤却再也跳不出来了。道理很简单，跳蚤调节了自己跳的目标高度，而且适应了它，不再改变。

很多人不敢追求成功，不是追求不到成功，而是因为他们的心理已经默认了一个"高度"，这个高度常常暗示自己：成功是不可能的，这个是没办法做到的。因此，"心理高度"是人无法取得成功的根本原因之一。"自我设限"是一件悲哀的事情，跳蚤变成"爬蚤"并非自身已失去跳跃能力，而是由于一次次受挫后学乖了，习惯了，麻木了。

同样，一个企业要想取得成功，也要不断为自己设定一个可以追逐的目标。当企业的发展达到某一个高度时，企业的管理者觉得自己的目标已经实现了，可以歇一歇了，从此不再关注未来发展，安心地躺在企业辉煌时的梦里，不再有拼搏奋斗的精神。久而久之，企业势必危机重重。

6 盘点——三省吾身谓予无怨

6.1 抵达终点前的疲倦

在沙漠徒步过程中,我们会感受到刚出发时的畅快自在,也会体验到筋疲力尽后的生无可恋。抵达终点前的那一段路程总是最难熬的,每个人都疲惫不堪,你的腿部肌肉会向你抗议,疲劳使你无精打采,因为困倦而产生的渴睡现象会不停地诱惑着你,这会让你觉得路程越来越漫长,仿佛永远也到不了目的地。因为极度疲倦而产生的懈怠情绪,不仅会让你自己步履蹒跚,甚至有可能"传染"给整支队伍,最终导致徒步计划功亏一篑。

因此,我们需要了解如何在一次长时间徒步中保持速度水平与能量消耗的节奏,如何用同样的体力走得更远,以及如何缓解路程后半段的疲倦。

(1)调节体力消耗节奏

长时间徒步很耗费体力,如果不控制节奏,则会过早出现疲劳。当你刚开始行走时,觉得精力饱满,简直可以飞起来,但你需要有意识地进行能量储存以保持体力,否则你或许会在抵达终点前虚脱。徒步行走容易疲劳的原因大多是在平地跨大步，加快速度来走路。快速行走会调用身体的快肌纤维，增加爆发力，但其会大量吸收糖原储存，不具有耐力性，容易导致加倍疲倦，且恢复较慢。因此如果你在行走前期过度爆发，那么很可能难以完成接下来的路程。

有规律、有节奏地行走，才不会使你感觉到很疲劳，所以消除路途疲劳的方法就是行走的时候注意控制节奏，不要破坏了步调。需要长时间步行时，脚步幅度要改小，并以同样的步调行进。俗话说"不怕慢就怕站"，当疲劳时，就用放松的慢行来休息，而不要随时停下来，站立1分钟，慢行就可以走出几十米。

（2）调节呼吸方式

调匀呼吸是保持体内能量的好方法，所以要努力让自己的呼吸与运动呈有节奏的状态。要让肌肉持续缓慢而不休止地运动，再加上平稳均匀的呼吸。简单来说就是几乎每走一步呼吸一次。马拉松运动员在比赛中就能做到平均2~3步就换气一次。如果刚开始不习惯的话，也可以强迫自己按照这种方式来呼吸，只要大口地吹气就可以了。当然，不要过于强求，否则会拉伤肺部和肋间肌。

（3）休息补充

行走中的休息也要讲究方法，一般是长短结合，短多长少。一般途中短暂休息尽量控制在5分钟以内，并且不卸掉

6 盘点——三省吾身谓予无愆

• 筋疲力尽的沙漠徒步队伍

背包等装备，以站着休息为主，调整呼吸。长时间休息以每60～90分钟一次为好，休息时间为15～20分钟。长时间的休息应卸下背包等所有负重装备，先站着调整呼吸2～3分钟，才能坐下，不要一停下来就坐下休息，这样会加重心脏负担。可以自己或者队员之间互相按摩腿部、腰部、肩部等肌肉，也可以在阴凉处躺下，抬高腿部，让充血的腿部血液尽量回流心脏。未到目的地前，千万不要脱下鞋子。因为在长途行走中，双脚会稍微发胀，中途休息脱鞋，下段路只会让你苦不堪言。

（4）养成良好习惯

在行走中，要养成良好习惯，集中精力行走，不要边走边笑，打闹嬉戏，更不能大声歌唱，这样不但分散其他队员的注意力，同时还会无谓消耗自己的体能。你可以在不影响其他人的前提下听听音乐，它具有很好的去除疲劳的效果。

在企业管理中，一个人的消极和懈怠并不可怕，可怕的是整个队伍都散漫成性、倦怠松散。面对一个员工倦怠、团队松散的团队，应该如何管理？是进行团队成员改造，还是招聘新人重新打造团队？具体情况还要具体分析，以下是几个常见的管理倦怠团队的有效方法。

（1）用绩效考核约束员工

对于员工倦怠、团队松散的现象，管理者要想改变现状，就需要对现有的团队成员进行绩效访谈，了解目前员工倦怠、团队松散的原因，要为团队制定整体的目标，继而制定每个人的分解目标，对于完成时间、完成进度、最后要达成的结果要做到提前与员工达成共识。同时要考虑团队中小团体的问题，是老人带新人，还是给新人锻炼机会，要看团队内部氛围，具体情况具体分析。

（2）从团队整体氛围进行调整

当团队缺乏完善的制度、效率低下时，团队的整体氛围就会松散、懈怠、充满负能量，在这个调整团队氛围的过程中，要做到关键节点的监控与及时指导。如果是外部原因，就从公司整体入手分析，是否公司上下都是这样的情况。如果是内部原因，就要系统地了解员工的具体情况。

（3）利用新人的鲶鱼效应

当团队整体都散漫、倦怠时，为了提高工作效率和成绩，管理者可以考虑慢慢地招进一些新人来，利用新人新鲜、好学、向上的鲶鱼效应，刺激团队整体的士气，这无疑是一种最有效也能使管理者受益最多的方法。

（4）统一执行力很重要

当团队的人员很多时，一定要把事情理清楚。负责人每组要有一个，这个人的执行力一定要强，然后让他具体负责下面的人，每个人分工明确，只用完成自己的任务就好，谁也不帮谁也不靠。具体问责制度，谁出问题就找谁麻烦。定期做大方向调整和召开团队会议，听取意见找解决方案，充分授权。

（5）没有没用的人，只有没用好的人

员工执行力不够永远都是管理的问题，错在老板。天生我材必有用，没有没用的人，只有用不好或者不会用人的老板，有这种意识才能搞好管理。

6.2 终点的自我放飞

沙漠徒步是一项强度较大的户外活动,我们在旅途中会消耗大量的体力,也要承受巨大的精神压力。在艰难抵达终点后,身心俱疲的我们需要彻底放松自己,篝火晚会就是一个不错的选择,烧烤、啤酒、唱歌、跳舞和游戏,会让我们疲惫的身心得到充分的休息。

• 抵达终点后的欢呼雀跃

6 盘点——三省吾身谓予无愆

• 热闹的篝火晚会

沙漠徒步者需要一场狂欢来放松身心，而企业员工也需要管理者的灵活激励。企业的活力源于每个员工的积极性、创造性。由于人的需求的多样性、多层次性以及动机的繁复性，调动人的积极性也应有多种方法。综合运用各种激励手段，才能使全体员工的积极性、创造性、企业的综合活力达到最佳状态。

为了取得良好的激励效果，企业管理者必须清楚员工需要什么。一般来说，员工的需求可以分为三个方面，即物质奖励、精神奖励和团队活动。

物质奖励方面，一个管理制度没有给到员工实际能力相匹配的物质奖励，其他一切理想都是虚妄，员工可以暂时理解你在创业初期的阶段物质上少一点，但是如果公司收入增长，员工物质上不能增长，那么一切就是空谈。

精神奖励方面，员工需要自己的价值被认可。做一个项目，做一个设计，提出一个好的想法，员工都需要被鼓励，也需要有一个有高明的领导指出缺陷，这样既能够帮助公司成长，也可以帮助员工进步。

团队活动方面，企业每年要组织1~2次团队活动，不仅开拓员工的眼界，也能提升公司的凝聚力。如果整天工作却没有一点娱乐活动，这样的工作有哪个员工会喜欢呢？

至于激励员工的具体方法，企业管理者首先要明白一个道理，没有人愿意为别人打工，人们都喜欢为自己工作，任何外部的激励方式都很难从根本上改变一个人的行为，为员工和团队找到工作的意义才是管理者最成功的激励方式。这种意义，就是帮助员工成长，就是让员工成就自己，就是承诺保证员工的物质生活满足。

物质层面，只要能设计公平合理、能够让真正付出了努力的员工得到应有的回报的薪酬计划即可。至于这个薪酬计划到底如何设计，每个公司和团队可能不完全一样，没办法一概而论。

精神层面，由于物质激励在前期有很好的效果，但是到了一定的程度后，物质的提升已经无法真正激励员工，这时候就需要一个良好的团队氛围，让大家心甘情愿地付出。这时候可以采取如下措施进行团队氛围的打造：①表达欣赏与感激；②聚焦于大家的共同利益；③适度的包容；④遵守大家共同的承诺、约定、协议；⑤基于现实的乐观；⑥ 100% 的投入；⑦避免指责与抱怨；⑧明确每个人的角色、责任与权利。

6.3　终点不是终结

　　沙漠徒步的目标是磨炼个人意志、提升团队凝聚力，这个目标不会因为沙漠徒步的结束而消失。相反，在沙漠中走到终点，只是揭开了人生全新篇章的序幕。沙漠的行走结束了，但人生的行走永无止境。

　　每一个从沙漠回来的人，都不会是当初的自己——无论是精神上，还是肉体上。我们需要总结沙漠徒步活动的得失，仔细审视自己的变化，重新思考自己的未来。而对于企业管理者来说，复盘同样是一项至关重要的工作。

　　复盘也可以叫做反思或总结，但是从内涵上来看，复盘和一般意义上的总结是有所不同的。做企业经常会出现"有心栽花花不开，无心插柳柳成荫"的现象，一般做总结时，会先射箭后画

• 负重前行的徒步者

靶子,根据"柳成荫"的结果去回想整个过程,然后去总结"柳"为什么会"成荫"。复盘方法与之不同的是,我们是要回到做此事的最初目的上来,研究为什么当初是想"栽花",最后却种出了"柳",是当初定的栽花的目的错了,还是说当初栽花的时候没有认真去栽,或者是这个地方的环境不适合养花?那在下一次定目标时就会考虑进去这些因素。通过这样的复盘,最终可能实现的结果就是栽花就开花,种柳就成荫。

也就是说,复盘式的总结是从梳理最初的目标开始,一路刨根问底,探究结果与目标之间的差异根本原因是什么,有什么反思、经验和体会,可以说是一次目标驱动型的学习总结。联想创始人柳传志十分推崇复盘,他常说:"一件事情做完了以后,做成功了,或者没做成功,尤其是没做成功的,我们预先怎么定的、中间出了什么问题、为什么做不到,把这个过程梳理一遍之后,下次再做,这次的经验教训就吸取了。"

复盘的过程有四个步骤,简而言之就是:第一,回顾目标,当初的目的是什么;第二,对照当初的目标回顾过程、评估结果;第三,刨根问底分析原因;第四,总结经验和反思。在这四个步骤中,对于科技创业企业的 CEO 来说,回顾目标和目的尤其重要。产业环境变化快,必然要求企业的目标随之不断调整,目标是错的,武功练得再好也没有什么用。复盘首先就是让创业者们不断思考自己的目标是否正确,然后就是不断地去正确地做事,错了就及时校正。

复盘本身就具有很强的文化属性,要想取得很好的复盘结果,过程中需要具备五个态度:开放心态、坦诚表达、实事求是、反思自我、集思广益,这些内容沉淀和凝结下来其实就是核心价值观。

要真正做好复盘,就要把企业利益放在第一,没有领导和下属之分,只要参与项目的人都敢于剖析自己,而不是盖棺定论,很快地否定一个人。

以现在很多夫妻创业为例,有的创业者就把公司看成是自己的,私人的、家里的花销都在公司报,这会极大打击员工的积极性,他们会认为就是在为你们夫妻打工赚钱,而不是为了企业,这样的情况下即使复盘，创业者也不会从自己开始以身作则，员工更不会对自己进行深刻分析，没有对企业的认同感就做不好复盘。

还要注意一点：复盘是对事不对人，是为了后续提升人和组织的能力而做的，而不是秋后算账的手段。建立起这种安全感和信任是做好复盘的基础。有的事因为人的原因没有做好，也要说出来。认识问题越深刻，对于个人的成长就越有利，个人能力也在不断提升，这是以人为本。

初创企业最开始引入复盘只是一个工具，时间一长，每个人都有了复盘的习惯，就会形成公司的文化。

沙漠生存铁律：蓝斯登定律

沙漠场景

在沙漠徒步队伍中，最快乐的人往往不是对沙漠非常熟悉的向导，而是发自内心热爱沙漠的队员。向导虽然拿着丰厚的报酬，丰富的沙漠徒步经验让他有恃无恐，但这只是他的工作，所以并不会特别兴奋。而鲜少踏足沙漠的队员们，虽然面临着无数未知的危险，也没有报酬可言，但对沙漠的热爱总能让他们惊喜连连。

6 盘点——三省吾身谓予无愆

商业案例

连续 20 年保持盈利的美国西南航空公司，通过处处为员工提供支持，保持了员工对公司的高度认同和工作热情。西南航空公司要求管理层要经常走近员工，参与一线员工的工作，倾听员工的心声，告诉员工关于如何改进工作的建议和思想。与其他服务性公司不同的是，西南航空公司并不认为顾客永远是对的。美国西南航空联合创始人、前首席执行官赫伯·克勒赫说："实际上，顾客也并不总是对的，他们也经常犯错。我们经常遇到毒瘾者、醉汉或可耻的家伙。这时我们不说顾客永远是对的。我们说：你永远也不要再乘坐西南航空公司的航班了，因为你竟然那样对待我们的员工。"正是这种宁愿"得罪"无理的顾客，也要保护自己员工的做法，使得西南航空公司的每一个职员都得到了很好的关照、尊重和爱。员工们则以十倍的热情和服务来回报顾客。赫伯·克勒赫说："也许有其他公司与我们公司的成本相同，也许有其他公司的服务质量与我们公司相同，但有一件事它们是不可能与我们公司一样的，至少不会很容易，那就是——我们的员工对待顾客的精神状态和态度。"这正是西南航空公司长期盈利的秘诀所在。

定律阐释

蓝斯登定律由美国管理学家蓝斯登提出。他认为，心情舒畅的员工，而不是薪水丰厚的员工，工作效率是最高的。跟一位朋友一起工作，远较在"父亲"之下工作有趣得多。管理者给员工提供快乐的工作环境，员工会给管理者高效的工作回报。

有一些企业管理者喜欢在管理岗位上板起面孔，做出一副"父亲"的模样。他们大概觉得这样才能赢得下属的尊重，树立起自己的权威，从而方便管理。这是走入了管理的误区。现代人的平等意识普遍增强了，板起面孔不能真正成为权威。只有放下尊长意识，去做下级的朋友，管理者才会有更多的快乐，也将使工作更具效率、更富创意。

欧美管理学家经过对人类行为和组织管理的研究，提出了快乐工作的四个原则：允许表现；自发的快乐；信任员工；重视快乐方式的多样化。

6.4　行走成为社交化

我们常说：世界上有两种朋友的关系是最铁的，那就是"一起同过窗，一起扛过枪"。的确，同学和战友是非常纯真的友情，不掺杂任何利益关系。在学校和部队，大家学习时在一起,吃饭时在一起,睡觉时在一起,娱乐时在一起,感情极为深厚。

同学和战友这种亲密无间的关系,在进行商业合作时具有无可比拟的优势。然而,同学和战友都是自然形成的关系,无法刻意培养。不过,沙漠徒步活动也能构建出与同学和战友类似的牢固关系,陌生人在浩瀚沙漠中同甘共苦,共同克服旅程中的重重困难,也会产生纯真的感情。换言之,沙漠就是一个建立和升华友情的绝佳平台。

● 在沙漠徒步过程中建立友谊

对于企业管理者来说,情感也是企业管理中一个不容忽略的因素。因为企业制度不是万能的,需要情感管理来补充。制度是刚性的,要想使制度易于被员工接受,就需要管理者在注重制度管理的同时,强调感性管理的运用。人都是有情感的,制度并不是万能的,情感管理能够发挥出制度管理所难以发挥的作用。要想实现卓有成效的管理,就必须在刚性的制度中添加上软性的情感管理。

企业管理者要做到纪律严明,才能保障企业内部良性发展。规章制度是无情的,但人却是有情的。管理者应从人情的角度对违规员工进行"情感关注",只有做到以人为本,注重人本关怀,在制度管理中浸润情感上的交融,才能获得员工的追随,才能真正达到团队内部的和谐。

要有效地实行情感管理,需要做好以下工作。

①为员工提供自我价值实现的舞台。情感管理要求企业采取必要的方式激发员工实现自我价值的欲望,创造各种条件鼓励员工在岗位上、在企业内实现自我价值;扩展多种渠道,使每个员工的自我价值得以最大限度地实现。

②重视情感投资。每个人都有被尊重的需要和与人交往的需要。在很多情况下,情感的交流比行政命令和上级对下属的指挥更有影响力和号召力。因此,企业管理者与员工之间除了具有行政关系所决定的层属关系外,更应当创造荣辱与共、情感交融的氛围。情感管理的实质就是通过情感来赢得民心,形成强大的凝聚力。

③营造和谐氛围。实行情感管理，要充分认识到"人和"的地位和作用，积极营造"和"的氛围，以此达到"人心齐，泰山移""家和万事兴"的效果。通过"和谐"，将企业全体员工紧紧团结在一起，产生巨大的精神力量，使企业充满生机和活力。

④完善激励机制。情感管理是一种讲究"人情味"的管理，突出"爱"和"善"的作用，提倡发挥人的主观能动性，完善激励机制，赋予员工职业上的成就感，使其在工作中能充分发挥积极性、主动性和创造性。激励和调动积极因素，催人奋发向上，是实现情感管理的有效途径。

沙漠生存铁律：峰终定律

沙漠场景

对于初次涉足沙漠的人来说，第一眼看到浩瀚的沙漠时总是激动不已，但是走完整段路程以后，他们往往并不记得最初的场景，反而对徒步过程中的某些惊险时刻以及抵达终点时的场景记忆犹新。

商业案例

宜家家居的购物路线就是基于"峰终定律"设计的。虽然它有一些不好的体验,比如店员很少,顾客经常得不到帮助;商场路线复杂,哪怕只买一件家具也需要走完整个商场;卫生间较少且有点不易找寻;还要排长队结账等等。但是它的峰终体验是好的,它的"峰"就是过程中的小惊喜,比如便宜又好用的挂钟、实用又高效的展区、美味又好吃的食物;它的"终"就是出口处只卖1块钱的甜筒,在购物结束之前,吃一个美味便宜的冰激凌,什么样的糟糕体验都烟消云散了。

定律阐释

英国诺贝尔获奖者丹尼尔·卡纳曼对于记忆的研究表明,人的大脑在经历某次事件后,只能记住两个因素:第一个是事件中的"高潮",即为峰;第二个是事件的"结束时刻",即为终。事件中的其他因素在对事件体验以及评分的影响上并不会占很大比重。这个发现被总结为峰终定律。

这条定律基于我们潜意识总结体验的特点:我们对一项事物体验之后,所能记住的就只是在峰与终时的体验,而在过程中好与不好体验的比重、好与不好体验的时间长短,对记忆差不多没有影响。

对于企业来说,制造峰终的难忘瞬间至关重要。制造难忘瞬间的第一个方法是营造仪式感:古代皇帝登基,都会举办一场特别庄严的登基仪式,总是会让人印象深刻;结婚的婚礼同样是这个道理。现在有很多做线上课程培训的,在学员结业的时候都会做一个结业典礼,还会做结业证书颁发,不需要多少成本,但是往往能让学员满意度大大提高。第二个方法是突出重要性,也就是把用户某一个体验过程搞得特别重要,让其感受深刻。重要的东西,总是会让人印象深刻,你特别看重一个体验,用户自然能够感受得到。第三个办法是制造惊喜。平淡生活中来点随机的惊喜总能让人印象深刻,一个会给用户制造惊喜的品牌,总是那么让人喜欢。行为设计学中的随机奖励,也是这个意思。

沙漠心语:沙漠归来是兄弟

最美的风景,不仅仅是沙漠本身,还有同行者相互的吸引和搀扶,以及汗水背后的拼搏和坚持。一路走来一路想,我醒着,我思考;走得远一点,停得久一点,想得深一点;我们这里,有阳光、沙漠、人的大脑,和不朽的梦想。

大漠商学院 2018 届 19 班
阿拉善论坛思想委员会首席思想家
塔木德(犹太智慧)创新教育体系创始人
贺雄飞

这不仅仅是一场在大漠中的徒步，更应该是一场大漠中的思考，对自我的思考，对人生的思考，在行走过程中发现问题，并且有效地解决问题，最终实现人生价值，这样会带来极大的成就感。

　　相同价值观的人，会自然而然走在一起，要跟着走。企业家存在的价值就在于承担，给予有相近价值观的一群人一个实现自我的价值平台。最后，用价值的星星之火，成企业的燎原之势。

大漠商学院 2017 届 8 班

融创高科（中国）私董会企业私塾创始人

苏东江

　　腾格里沙漠在 180 万年之前曾经是海洋，海洋之前曾经是茂盛的森林，于今却是沙漠。180 万年，仅仅是一个逗点。我们的生命何等渺小。偏偏一些抱有不朽梦想的自大狂，在这里徒步、裸奔、游泳，意图活出一抹灵明。当我置身四周的静怡，我听到沙漠在笑……

大漠商学院 2018 届 19 班

中国著名商业哲学家、地头力理论创始人

王育琨

沙漠行走,能坚持下来不仅需要体力,还需要意志。我们可以承受自己体力上的欠缺,但是不能接受意志上的放弃。

一个团队里,每个人的坚持对其他人而言都是最大的动力,如果少一个人,那我们的坚持就失去了一部分的意义。大漠勇士是集体的荣耀,所有人只有走过孤独、坚持下来,才能看到这份荣誉与美丽。

大漠商学院 2017 届 7 班

中寰创世(郑州)营销策划有限公司董事长

胡志辉

我非常坚信,在我们行走的过程中,假如是我们三五个人,我们绝对不会来,也绝对走不下来,那正是因为有了这么一支团队在,才能让我们整个旅途、整个行程,能够完成。在如此困难的情况下,还能突破自己的极限,这就是团队的力量。

大漠商学院 2017 届 10 班

中细软集团有限公司副总裁

李鹏

之前第一次走沙漠的时候就留下非常深的印象,因为兔师傅也是一个新创立的公司,团队相对来讲还都比较新,大家都需要历练，在沙漠里走一遭，这就是特别好的一个经历，所以当时回去就决定，将来要带我的团队来沙漠走一遭。

大漠商学院2017年8班、2018届2班

北京兔师傅汽车科技有限公司董事长

兔师傅创始人

宋烈进

  关于人性，在徒步团队行进过程中，无论是给予队友的鼓励还是接纳别人的善意，我觉得人性的光辉照亮别人，也温暖自己！

  关于极限环境的挑战，面对未知环境的心里克服，挑战自我，信心很重要，相信自己可以走出去，不断地鼓励自己，这信念伴我走出沙漠！

  团队队友来自五湖四海，年龄、职业等都差异化的融合，徒步之前领队让大家放下身份放下角色，几天的行程大家从陌生到磨合，到熟悉，直到沙漠徒步的最后一天大家才真正地融合在一起享受团队的旅行快乐，打开自己，接纳未知的存在，接纳不同，世界本来就是多元。

大漠商学院2018届8班

河南奥斯卡巨幕文化传媒有限公司董事长

黄珊

沙漠，每一步的迈出都是那样坚定，因为目标就在前方，谁也不愿意拖大家的后腿。彼此你追我赶地向前推进。可谓是，身体在地狱！眼睛在天堂！心灵在翱翔！原来人也可以需要的很少，很少！

当回归生活后，坐在家里的沙发上，喝着茶，听着音乐，吹着空调，写出这么几个文字，幸福至极！看来我要做减法了！

大漠商学院 2018 届 12 班
河南众诚摩托车销售有限公司董事长
张勇

参考文献

[1] 时杰. 野外生存与自救 [M]. 北京：化学工业出版社，2016.

[2] 许俊霞. 图解野外生存指南 [M]. 北京：中国华侨出版社，2017.

[3] 秦勇. 企业管理学 [M]. 北京：中国发展出版社，2016.

[4] 孙绪芹. 企业管理艺术 [M]. 北京：光明日报出版社，2018.

[5] 彼得·德鲁克. 卓有成效的管理者 [M]. 北京：机械工业出版社，2009.